Peter Weigandt

Zeit und Ort im
Markusevangelium

Peter Weigandt

Zeit und Ort im Markusevangelium

Die Deutsche Nationalbibliothek verzeichnet
diese Publikation in der Deutschen Nationalbibliographie;
detaillierte bibliographische Daten sind im Internet über
http://dnd.d-nb.de abrufbar

wbg academic ist ein Imprint der wbg

© 2018 by wbg (Wissenschaftliche Buchgesellschaft), Darmstadt

Die Herausgabe des Werkes wurde durch die Vereinsmitglieder
der wbg ermöglicht. Gedruckt auf säurefreiem und
alterungsbeständigem Papier
Printed in Germany

Besuchen Sie uns im Internet: www.wbg-wissenverbindet.de

ISBN 978-3-534-40009-6

Elektronisch sind folgende Ausgaben erhältlich:
eBook (PDF): 978-3-534-40010-2
eBook (epub): 978-3-534-40011-9

ocello meo

Vorwort 9
1. Vorüberlegungen 12
1.1 Das Markusevangelium als erzählte Geschichte. 12
1.2 Chronologie und Topographie im
    Markusevangelium 18
2. Das Zeitgerüst 30
2.1 Die Darstellungsmittel des Markus 30
2.1.1 Temporale Adverbialbestimmungen und
      Temporalsätze 30
2.1.2 Zeitadverbien 49
2.2 Der Zeitablauf im Markusevangelium 53

3. Das Raumgefüge 56
3.1 Die Darstellungsmittel des Markus 56
3.1.1 Lokale Adverbialbestimmungen 60
3.1.2 Ortsadverbien 113
3.2 Das Itinerar der Wege Jesu 114

4. Zeitablauf und Ortswechsel 127

5. Das Zeit-Raum-Gefüge 140

Anhang 155

Aufbau des Markusevangeliums 155

Exkurse und exkursartige Erläuterungen 159

Topographie der Jesus-Itinerare in den Evangelien 160

Literaturverzeichnis 162

Stellenregister 186

Vorwort

Jede erzählte Geschichte ist in Zeit und Raum angesiedelt, den Grundlagen einer Erzählung. Nicht zuletzt darum vertritt Cicero, ein – in weiterem Sinn gefaßt – älterer Zeitgenosse des Evangelisten Markus, in seiner Schrift *De oratore* die Meinung, ein solches Werk bedürfe der zeitlichen Folge der Begebenheiten und der Ortskunde, also eines Zeit-Raum-Gefüges.

Mit Zeit und Raum ragen, wenn sie faktual und nicht fiktional sind, nicht veränderbare, „metahistorische" Vorgaben (Reinhart Koselleck) in das Reich der Geschichte hinein. Jeder Autor einer Erzählung dürfte eine Art „kognitive Karte" (Karin Wenz) im Kopf haben, auf der er das von ihm berichtete Geschehen räumlich und damit auch zeitlich ein- und anordnet.

Markus erzählt in seinem Evangelium die Geschichte der Offenbarung Gottes in Jesus von Nazaret. Sein Werk weist der damaligen Zeit zugehörende historiographische und biographische Züge auf. Wer sich näher mit seinem Werk beschäftigt, wird in der Literatur immer wieder auf Stimmen stoßen, die der Ansicht sind, dessen Verfasser habe mangelnde Kenntnis, gar Unkenntnis der galiläischen Topographie, also des Raumes und damit auch der Zeit des Geschehens, von dem er berichte.

Mein Vorhaben ist herauszufinden, welche unveränderbaren Vorgaben von Raum und Zeit der Evangelist in seine Erzählung aufgenommen hat und wie er mit ihnen verfährt, wie sich seine „kognitive Karte" zur Realität verhält, und ob es ihm gelingt, sie zu einem sinnvollen Ganzen, einem „Chronotopos" (Michail Michailowitsch Bachtin) zu verschmelzen.

Das Markusevangelium ist erzählte Geschichte und zugleich Verkündigung. Letztere ist nicht Gegenstand meiner Untersuchung. Ich beschränke mich auf eine Klärung von Realien, von Zeit und Raum, den Grundlagen der Erzählung des Markus – Kärrnerarbeit. Ich begebe mich nicht auf analytische Höhenflüge der Narrativik wie die, von denen Jean Zumstein (Narrative Analyse und neutestamentliche Exegese in der frankophonen Welt) und Gerd Schunack (Neuere literaturkritische Interpretationsverfahren in der nordamerikanischen Exegese), Autoren von „Der Erzähler des Evangeliums" und andere berichten. Ich versuche lediglich, ein Fundament zur Verfügung zu stellen, auf dem aufgebaut werden kann. Ohne diesen Unterbau schwebten weitergehende theologische Überlegungen zum Markusevangelium gleichsam ort- und zeitlos im Raum.

Als Ergebnis schält sich heraus, daß die „kognitive Karte" des Markus erstaunliche Übereinstimmungen mit den topographischen und politisch-geographischen Verhältnissen seiner Zeit, also der des Erzählers, und weniger mit der Zeit Jesu, der erzählten Zeit, aufweist. Das zeigen Parallelen zu entsprechenden Angaben im Werk des älteren Plinius, eines Zeitgenossen des Evangelisten. Markus läßt darüber hinaus auch überraschende Kenntnisse über die Schiffahrt auf dem See Gennesaret erkennen. Die „metahistorischen" Vorgaben, über die er verfügt, benutzt er, um mit ihnen und mit Hilfe seiner „kognitiven Karte" die Grundlage der „normale Erzählebene" (Cilliers Breytenbach) seines Evangeliums durch verschiedene, teilweise inkludierte, „Chronotopoi" zu gestalten.

Meiner Frau danke ich für mannigfache Hilfe und sehr viel Geduld, dem Verlag, besonders Herrn Dr. Jens Seeling, für die gute Zusammenarbeit.

Nürnberg, 31. Juli 2018

# 1. Vorüberlegungen

1.1 Das Markusevangelium als erzählte Geschichte

Markus – wer auch der unbekannte und so benannte Verfasser des zweiten Evangeliums gewesen sein mag – erzählt in seinem Evangelium nicht Geschichten, sondern Geschichte, und zwar die Geschichte der Offenbarung Gottes in Jesus von Nazaret, wie sie sich zwischen Taufe und leerem Grab ereignet hat. Das Markusevangelium ist die Biographie eines Boten Gottes als Offenbarungserzählung[1], ist historiographische Struktur[2] und enthält, wie Eve-Marie Becker definiert, „Aspekte einer personenzentrierten Historiographie"[3]. Es ist eine Mischform aus historischer Monographie

---

1 *Klaus Berger*: Formgeschichte des Neuen Testaments. Heidelberg 1984. S. 356. Vgl. auch *Detlev Dormeyer*: Evangelium als literarische Gattung. In: ANRW. Teil II. Bd. 25,2. Berlin 1984. S. 1543 bis 1634, dort S. 1581.
2 *Hubert Cancik*: Die Gattung Evangelium. Das Evangelium des Markus im Rahmen der antiken Historiographie. In: Markus-Philologie. Historische, literargeschichtliche und stilistische Untersuchungen zum zweiten Evangelium. Hg. v. Hubert Cancik. Tübingen 1984. S. 85-113, dort S. 94. = WUNT 33.
3 *Eve-Marie Becker*: Das Markus-Evangelium im Rahmen antiker Historiographie. Tübingen 2006. S. 300. = WUNT 194. ; vgl. auch *dies.*: Der jüdisch-römische Krieg (66-70 n. Chr.) und das Markusevangelium. In: Die antike Historiographie und die Anfänge der christlichen Geschichtsschreibung. Hg. v. Eve-Marie Becker. Berlin 2005. S. 213-236, dort S. 235f. = BZNW. Bd. 129. – Bereits genannte Titel werden im folgenden nur noch mit Autor und Kurztitel bzw. Reihentitel und Bandnummer zitiert, s. auch S. 162.

und Biographie[4] – und die hier erzählte Geschichte ist zugleich Verkündigung (14,9[5])[6]. Der Evangelist beginnt sein Werk mit der Vorstellung dessen, von dem er berichten will, des Jesus Christus. Er gibt Auskunft über dessen Herkunft, teilt in einer Zusammenstellung vieler Einzelszenen – oder Episoden[7] – mit, was er gesagt und getan hat, und berichtet zum Schluß ausführlich über seine letzten Tage, seinen Tod, sein Begräbnis und das am Ende leere Grab. Das Markusevangelium enthält vermutlich das, was dem Verfasser an Material zur Hand war (s. u. S. 120f.). Freilich ist eine gewisse Skepsis geboten, denn auf Je-

---

[4] Vgl. *Eve-Marie Becker*: Markus-Evangelium. S. 251 u. 411; *Franz Römer*: Biographisches in der Geschichtsschreibung der frühen römischen Kaiserzeit. In: Historiographie. S. 137-155, dort S. 148 zu Tacitus' „Agricola"; *Dirk Frickenschmidt*: Evangelium als Biographie. Die vier Evangelien im Rahmen antiker Erzählkunst. Tübingen 1997. S. 278-281, bes. S. 281. = TANZ 22.

[5] Biblische Schriften sind nach Nestle-Aland[28] abgekürzt; ohne Nennung der Schrift beziehen sich Stellenangaben immer auf das Markusevangelium, Jahreszahlen ohne nähere Bezeichnung auf die Zeit n. Chr.

[6] S. *Martin Hengel*: Zur urchristlichen Geschichtsschreibung. Stuttgart 1979. S. 44, ferner *Eve-Marie Becker*: Einführung. Der früheste Evangelist im Lichte der aktuellen Markusforschung. Eine Standortbestimmung. In: *Dies.*: Der früheste Evangelist. Studien zum Markusevangelium. Tübingen 2017. S. 1-13, dort S. 7. = WUNT 380, und *dies.*: Die Konstruktion der Geschichte. Paulus und Markus in Vergleich. In: *Dies.*: Evangelist. S. 253-278, dort S. 262.

[7] *Cilliers Breytenbach*: Das Markusevangelium als episodische Erzählung. Mit Überlegungen zum Aufbau des zweiten Evangeliums. In: Erzähler des Evangeliums. Methodische Neuansätze in der Markusforschung. Hg. v. Ferdinand Hahn. Stuttgart 1985. S. 137-169, dort S. 139 u. 169. = SBS 118/119; s. a. *Gert Lüderitz*: Rhetorik, Poetik, Kompositionstechnik im Markusevangelium. In: Markus-Philologie. S. 165-203, dort S. 198 u. 200.

sus ist „kein einziger Ausspruch ... mit letzter Gewißheit ... zurückzuführen, auch wenn gelehrte Forschung wenigstens in diesem oder jenem Fall sein eigenes Zeugnis zu vernehmen meint"[8]. Markus wagte es als erster „allwissender Autor" (vgl. nur 1,9-12.35; 3,6.19; 6,46; 14,35f.), die Geschichte der Gründergestalt des Christentums darzustellen[9]. Dabei schuf er – zumeist faktual berichtend, jedoch nicht auf fiktionale Einschübe verzichtend – mit dem „Evangelium" seine eigene, dem zu Berichtenden gemäße Form[10], mit deren Hilfe er zusammenfügte, was er von Jesus in Erfahrung gebracht hatte. Nun ist aber das „Verständnis von Texten ... abhängig von dem Verstehenshintergrund des Lesenden, je nachdem, welche »Brille« man aufsetzt, offenbart der Text andere mögliche Zugänge. Dabei ist nicht von Bedeutung, welches der »richtige« Zugang ist (das setzte eine Metaperspektive voraus, die nicht menschenmöglich ist), sondern es geht darum, verschiedene Zugangsmöglichkeiten zu eröffnen und so immer wieder neu Geschichten

---

[8] *Johannes Fried*: Karl der Große. Gewalt und Glaube. München 2013. S. 21, über Karl den Großen.
[9] S. *Willem S[tefanus] Vorster*: Markus – Sammler, Redaktor, Autor oder Erzähler? In: Erzähler. S. 11-36, dort S. 31-36; *Norman R. Petersen*: Die „Perspektive" in der Erzählung des Markusevangeliums. In: Erzähler. S. 67-91, bes. S. 84-91; *Ludger Schenke*: Das Markusevangelium. Stuttgart 1988. S. 31. = UB 405.
[10] S. a. *Georg Strecker*: Literaturgeschichte des Neuen Testaments. Göttingen 1992. S. 132. = UTB 1682.

»zur Sprache« zu bringen."[11] Das gilt auch für den hier vorgelegten Zugang zur Erzählung des Markus. Die Art eines solchen geschichtlichen Stoffes wie des Markusevangeliums bedarf, wie einst Cicero schrieb, der zeitlichen Folge der Begebenheiten und der Ortskunde – *rerum ratio ordinem temporum desiderat, regionum descriptionem* (De oratore II 63)[12], also einer zeitlichen und räumlichen Ordnung, eines Zeit-Raum-Gefüges. Zeit, auch die Lebenszeit des Menschen, und Ort mit seinen geographischen, topographischen und topologischen Gegebenheiten sind die unverzichtbaren und allen menschlichen Handlungen vorausliegenden Bedingungen und „metahistorische" Vorgaben[13] jeglicher Erzählung, gleich wie sie zu deuten sein mögen. Nicht nur die „Welt- beziehungsweise Universalgeschichte hat zwei Komponenten: die zeitliche und die örtliche"[14], sondern auch die Geschichte der Offenbarung Gottes in Jesus von Nazaret. Und darum geht es

---

11 *Helge Martens*: Elia – Psychogramm eines Gotteskriegers. Ein Versuch. DtPfrBl 116 (2016) S. 629-633, dort S. 629f.; s. a. *Ulrich Wilckens*: Theologie des Neuen Testaments. Bd. III. Historische Kritik der historisch-kritischen Exegese. Von der Aufklärung bis zur Gegenwart. Göttingen 2017. S. 389f.; Felicitas Hoppe: Dichters Angst. In: FAZ. 5.1.2018. S. 14. Sp. 1f.
12 Cicero: De oratore. Über den Redner. Lateinisch/Deutsch. Übers. u. hg. v. *Harald Merklin*. Stuttgart 2006; vgl. dazu auch Lukian, Hist. conscr. 24, 48.
13 *Reinhart Koselleck*: Sprachwandel und Ereignisgeschichte. In: *Ders.*: Begriffsgeschichten. Frankfurt a. M. 2006. S. 32-55, dort S. 33-36; *ders.*: Die Geschichte der Begriffe und die Begriffe der Geschichte. In: *Ders.*: Begriffsgeschichten. S. 56-76, dort S. 72f.
14 *Andreas Mehl*: Geschichtsschreibung in und über Rom. In: Historiographie. S. 111-136, dort S. 128. Vgl. auch *Hubert Cancik*: Evangelium. S. 93; *Wolfgang Stegemann*: Jesus und seine Zeit. Stuttgart 2010. S. 30. = Biblische Enzyklopädie 10, u. s. Ez 1,1!

mir, nämlich »zur Sprache« zu bringen, wie der Evangelist in seinem Werk Zeit und Ort verwendet, um seine Geschichte von der Offenbarung Gottes in Jesus von Nazaret zu erzählen. Dabei muß „jede räumliche Struktur ... in ein zeitliches Nacheinander überführt werden"[15], wobei in den Kapiteln 1 bis 9 Galiläa mit dem See Gennesaret und in den Kapiteln 11 bis 16 Jerusalem als *die* Bezugspunkte dienen[16].

Doch auch hier gilt, was Johannes Fried in seiner Biographie Karls des Großen schreibt: „Kein Erinnern bringt das Gestern zurück, jede erinnerte Vergangenheit ist bald unbewußte, bald bewußte Gedächtniskonstruktion einer Gegenwart ... mit der Gesamtheit ihrer Erfahrungen, mit ihrem Wissen und ihren Wertungen der in ihr aus der Vergangenheit zugeflossenen Informationen, mit ihren Wünschen, Zielen und Hoffnungen", und „nur Annäherungen an jene fernen Epochen sind möglich."[17] „Was sich langfristig in der Geschichte ›tatsächlich‹ – und nicht etwa sprachlich – ereignet hat, das bleibt sozialhistorisch eine Rekonstruktion, deren Evidenz von der Überzeugungskraft ihrer Theorie abhängt."[18] Und auch wenn die Zahl der Wörter einer Sprache ebenso wie deren Syntax und Semantik begrenzt sind, sind die damit zur Sprache gebrachten Sachverhalte und Meinungen unbegrenzt.[19]

---

15 *Karin Wenz*: Linguistik/Semiotik. In: Stephan Günzel (Hg.): Raumwissenschaften. 3. Aufl. Frankfurt a. M. 2012. S. 208-224, dort S. 211. = stw 1891; vgl dazu *Sylvia Sasse*: Literaturwissenschaft. In: Raumwissenschaften. S. 225-241, dort S. 232f.
16 Vgl. *Karin Wenz*: Linguistik. S. 212.
17 *Johannes Fried*: Karl der Große. S. 25f.; vgl. dazu Thukydides I 21f.
18 *Reinhart Koselleck*: Sozialgeschichte. S. 25, s. auch S. 29.
19 *Reinhart Koselleck*: Sprachwandel. S. 41f.; vgl. auch S. 42-46.

Wir haben nur das Markusvangelium selber, kennen aber keine einzige seiner Quellen[20], seien es einzelne Episoden oder vielleicht auch thematische Sammlungen, wie etwa Heinz-Wolfgang Kuhn[21] und andere vermuten. Jeder Versuch, zu ermitteln, was Markus bewegt haben könnte, sein Evangelium so zu gestalten, wie es uns zwischen 1,1 und 16,8 vorliegt, kann über mehr oder minder gut begründete Vermutungen nicht hinaus gelangen, denn der Evangelist ist uns eine Erklärung dazu schuldig geblieben. Seinen chronologischen Angaben läßt sich weder die Dauer des Wirkens Jesu noch das Datum seines Todes mit hinreichender Sicherheit entnehmen, und die von ihm genannten und oft mit Varianten überlieferten Ortsangaben bieten mannigfache Möglichkeiten, ein markinisches Itinerar Jesu zu gestalten, gleich was sich hinter ihnen verbergen mag.

---

20 Vgl. *Erhardt Güttgemanns*: Offene Fragen zur Formgeschichte des Evangeliums. Eine methodologische Skizze der Grundlagenproblematik der Form- und Redaktionsgeschichte. München 1970. S. 223-231. = BEvTh 54.

21 *Heinz-Wolfgang Kuhn*: Ältere Sammlungen im Markusevangelium. Göttingen 1971. = StUNT 8; vgl. *Peter Dschulnigg*: Das Markusevangelium. Stuttgart 2007. S. 108 mit Anm. 143. = ThKNT. Bd. 2.

1.2 Chronologie und Topographie im Markusevangelium

Nicht selten werden im Zeit-Raum-Gefüge des Markusevangeliums chronologische und vor allem topographische und damit zugleich topologische Probleme gesehen. Darum seien einige Bemerkungen über Orte und Zeit der Geschehnisse vorausgeschickt, die Markus in seinem Evangelium schildert.

Jesu öffentliches Wirken und damit die Zeitspanne seines Lebens, über die Markus berichtet, gehört nach den spärlichen Hinweisen, die uns das zweite Evangelium an die Hand gibt (1,4.9.14; 6,14.16-29; 15,1 bis 15.43), irgendwo in die Jahre 27, dem wohl frühest möglichen Auftreten Johannes' des Täufers, bis spätestens 36/37, also in die Jahre, in denen nach L 3,1 Tiberius, Stiefsohn des Augustus, als dessen Nachfolger in Rom regierte (14 bis 37) und gleichzeitig Herodes Antipas Tetrarch von Galiläa (und Peräa, 4 v. bis 39), Philippus Tetrarch von Ituräa und der Trachonitis, (Paneas, Batanaia und Auranitis, 4 v. bis 34), Lysanias Tetrarch der Abilene (bis vor 37) und Pontius Pilatus seit 26 *praefectus* der römischen Provinz *Iudaea* war. Ihn schickte Lucius Vitellius, Statthalter der Provinz *Syria*, im Jahr 36/37[22] nach Rom, wo er sich wegen eines von ihm brutal niedergeschlagenen Aufstands der Samaritaner verantworten sollte.

Schauplätze sind in den Kapiteln 1 bis 9 des Evangeliums die Tetrarchien des Herodes Antipas und des Philippus sowie Teile der damaligen römischen Provinzen

---

[22] *Walter Berschin*: P. Pilatus. In: DNP. Bd. 10. Stuttgart 2003/2012. Sp. 142.

Iudaea und *Syria*: Galiläa (1,9.14.16.28.39; 9,30), zumal Untergaliläa[23], der See Gennesaret mit seinen Ufern (1,16[bis]; 2,13; 3,7; 4,1[ter].39.41; 5,1.13[bis].21; 6,47 bis 49; 7,31), benachbarte Gebiete Syrophöniziens (7,24.31) und der Gaulanitis (8,22.27), die teils zur Tetrarchie des Philippus und teils zur Dekapolis gehörte, und Teile dieser wohl erstmals von Markus so bezeichneten Gegend (5,1.20; 7,31; s. u. S. 72-79). Im zehnten Kapitel wechselt der Schauplatz in die „Gebiete von Judäa jenseits des Jordans" (10,1), die mit dem von Josephus (BJ III 3,3) Peräa genannten Territorium identisch sein dürften und seit 44 zur römischen Provinz *Iudaea* gehörten, sowie nach Judäa (10,46), seit dem Jahr 6 Teil dieser Provinz (s. u. S. 102-105). In den Kapiteln 11 bis 16 ist nur noch Jerusalem mit seiner nächsten Umgebung Ort des Geschehens. So wie Markus die Wege Jesu nachzeichnet, wäre dieser nicht über das hier umrissene Gebiet hinausgelangt, das heute unter die Staaten Israel, Libanon, Syrien und Jordanien sowie das Westjordanland aufgeteilt ist.

Die meisten Orte und Territorien, die im Evangelium mit Namen genannt sind, werden im markinischen Itinerar Jesu je einmal von Jesus aufgesucht. Ausnahmen sind nur Galiläa mit dem See Gennesaret und seinen Ufern, Kafarnaum, die Dekapolis sowie Jerusalem und Betanien.

Der Evangelist beginnt seine Schilderung der Ereignisse aus dem Leben Jesu mit dem Geschehen, das in den Überlieferungen, die ihm zur Verfügung stehen,

---

[23] S. auch *Willibald Bösen*: Galiläa als Lebensraum und Wirkungsfeld Jesu. Eine zeitgeschichtliche und theologische Untersuchung. Freiburg 1985. S. 17, M 3; zur räumlichen Ausdehnung Galiläas s. ebd. S. 26, M 7.

zeitlich am weitesten zurückliegt, nämlich der Taufe Jesu sowie der damit notwendigerweise verbundenen Vorstellung Johannes' des Täufers, und beschließt sein Evangelium mit dem leeren Grab Jesu und der Flucht der drei Frauen. Er läßt also Raum hin zur Vergangenheit, den die beiden anderen Synoptiker mit ihren Vorgeschichten[24], und Raum hin zur Zukunft, den die drei anderen Evangelisten um ihre Berichte von den Erscheinungen des Auferstandenen und – so Lukas – der Himmelfahrt Jesu bereichert haben. Matthäus und Lukas haben das Evangelium des Markus aber nicht nur fast ganz oder zu großen Teilen abgeschrieben, sondern es auch umgeschrieben.[25]

Doch wie füllt Markus den Raum zwischen Taufe und leerem Grab? Die älteste Antwort auf diese Frage finden wir in dem bekannten Fragment aus der Schrift „Fünf Bücher Auslegung [von] Herrenworten" des Papias von Hierapolis, die vermutlich um 110 entstanden ist[26]. Euseb hat das Fragment in seiner Kirchengeschichte überliefert (Eus., h. e. III 39,15f.): *„Und dies sagte der Presbyter: Markus, der Dolmetscher des Petrus, schrieb von dem Herrn zwar alles, dessen er sich erinnerte, seien es Reden, seien es Taten, genau, allerdings ohne Ordnung auf. Denn er hatte weder den Herrn gehört, noch war er ihm nachgefolgt, hinterher*

---

24 „Vorgeschichten werden stets erst im Nachhinein konzipiert", so *Johannes Fried*: Der Schleier der Erinnerung. Grundzüge einer historischen Memorik. Durchg. u. erw. Aufl. München 2012. S. 244; s. a. *ders.*: Karl der Große. S. 35.
25 S. *Reinhart Koselleck*: Sprachwandel. S. 49-55.
26 *Ulrich H[einz] J[ürgen] Körtner*: Papiasfragmente. In: Papiasfragmente. Hirt des Hermas. Eingel., hg., übertr. u. erl. v. Ulrich H[einz] J[ürgen] Körtner u. Martin Leutzsch. Darmstadt 1998. S. 30f. = SUC. T. 3.

jedoch, wie gesagt, dem Petrus, welcher seine Lehrvorträge den Bedürfnissen nach gestaltete, aber nicht wie um eine zusammenhängende Darstellung der Logien des Herrn zu schaffen, so daß Markus nicht falsch handelte, wenn er einiges so aufschrieb, wie er sich erinnerte. Denn für eines trug er Sorge: nichts von dem, was er gehört hatte, auszulassen oder etwas davon unwahr zu berichteten. Dies wird also von Papias über Markus berichtet."[27]

Welche Bedeutung für das Markusevangelium dem Papias-Fragment beizumessen ist, wird sich zeigen. Papias gehörte wie Ignatius von Antiochia und Polykarp von Smyrna noch der dritten Generation der Christen an. Leider läßt er uns nicht genau wissen, woher er seine Kenntnisse über das Markusevangelium hatte. Παρὰ τῶν ἐκείνοις γνωρίμων – „von denen, die mit ihnen [sc. den Aposteln] bekannt waren" (h. e. III 39,2; vgl. 4) – ist doch recht unbestimmt. Und vielleicht gibt es Gründe dafür, daß Papias nicht ganz ohne Grund von Euseb[28] als jemand bezeichnet wird, der σφόδρα γάρ τοι σμικρὸς ὢν τὸν νοῦν (h. e. III 39,13) ...

Reihte der Evangelist mithin das, von dem er Kenntnis hatte, nur einfach aneinander, wie man es wohl dem Papias-Fragment entnehmen muß, oder schuf er ein Gefüge räumlicher und zeitlicher Verknüpfungen und damit einen oder vielmehr seinen „Rahmen der

---

27 *Ulrich H[einz] J[ürgen] Körtner*: Papiasfragmente. S. 59.
28 Eusebius: Kirchengeschichte. Hg. v. *Eduard Schwartz*. Kleine Ausgabe. 5. Aufl. Berlin 1952.

Geschichte Jesu"[29]? Ergibt sein Bericht also eine Abfolge von einleuchtenden, historisch möglichen Angaben und damit Bewegungsmöglichkeiten Jesu – und das heißt zugleich nicht von unsinnigen, gegensätzlichen oder gar widersprüchlichen, wie gelegentlich in der Literatur behauptet?[30] Haben wir es folglich mit einer „allgemeinen Ungenauigkeit und Fehlerhaftigkeit der markinischen Ortsangaben" zu tun[31], mit der „Unkenntnis der galiläischen Topographie"[32] oder mit „geographischen Fehler[n]"[33], hat Markus aus den ihm zur Verfügung stehenden Ortsangaben gar so etwas

---

29 *Karl Ludwig Schmidt*: Der Rahmen der Geschichte Jesu. Literarkritische Untersuchungen zur ältesten Jesusüberlieferung. Berlin 1919. Ich verzichte auf eine Auseinandersetzung mit diesem grundlegenden Werk, weil es in ihm in erster Linie um das „historische Problem" geht (S. V, vgl. auch S. 150, 181 u. 317), mir aber ausschließlich um die Komposition der Markuserzählung, also ein literarisches Problem, um einen chronologisch-topographischen Aufriß dieser Geschichte, den Markus geschaffen hat – und darum, ob dieser Aufriß seinen Wert in sich hat.

30 Z. B. *Johannes Schreiber*: Theologie des Vertrauens. Hamburg 1967. S. 158-162, 171, 177 u. 189, oder *Hubert Cancik*: Evangelium. S. 101.

31 *Jürgen Roloff*: Das Markusevangelium als Geschichtsdarstellung. In: Das Markus-Evangelium. Hg. v. Rudolf Pesch. Darmstadt 1978. S. 283-310, dort S. 290. = WdF. Bd. 411; ähnlich auch *Philipp Vielhauer*: Geschichte der urchristlichen Literatur. Einleitung in das Neue Testament, die Apokryphen und die apostolischen Väter. Durchg. Nachdr. Berlin 1979. S. 346f.

32 *Petr Pokorný*: Das Markusevangelium. Literarische und theologische Einleitung mit Forschungsbericht. In: ANRW. Teil II. Bd. 25,3. Hg. v. Wolfgang Haase. Berlin 1985. S. 1969-2035, dort S. 2021.

33 *Gerd Theißen*: Lokalkolorit und Zeitgeschichte in den Evangelien. Ein Beitrag zur Geschichte der synoptischen Tradition. Freiburg (Schweiz) 1989. S. 248. = NTOA 8.

wie eine „Phantasielandkarte" gemacht[34] – oder „ist bei der Abfassung des Evangeliums geographisches Wissen aus der Zeit seiner Entstehung eingeflossen", das „auch bei den Rezipienten [als] bekannt vorausgesetzt wird"[35], legt also die Vorstellung, die der Evangelist von den topographischen und geographischen Gegebenheiten des Landes hat, seine „kognitive Karte" (*mental map*)[36], eine Kenntnis der tatsächlichen Gegebenheiten und Verhältnisse nahe und auf Grund dessen einen Plan, nach dem er seinen Stoff einem Zeit-Raum-Gefüge eingeordnet hat?

Den Antworten auf diese Fragen müßte sich entnehmen lassen, ob Markus überhaupt willens und in der Lage war, ein ein- und durchsichtiges Zeit-Raum-Gefüge für das Geschehen zu schaffen, von dem er berichtet, und ob er zwischen den so zusammengehaltenen Ereignissen Beziehungen entstehen läßt, die über bloße Verbindungen bestimmter Ereignisse mit bestimmten Zeiten und Orten hinausgehen.

Immer wieder sind Versuche unternommen worden, Antworten auf diese Fragen zu finden. Ich nenne aus der Forschungsgeschichte nur einige Namen, die für einen je anderen Ansatz stehen, angefangen mit William Wrede, Karl Ludwig Schmidt, Rudolf Bultmann, Martin Dibelius, Ernst Lohmeyer, Willi Marxsen, James McConkey Robinson, Walter Schmithals, Cilliers Breytenbach, Gerd Theißen, Adela Yarbro Collins, Marie-Eve Becker, Paul-Gerhard Klumbies, Bärbel Bosenius …

---

34 *Ludger Schenke*: Markusevangelium. S. 29.
35 *Bärbel Bosenius*: Der literarische Raum des Markusevangeliums. Neukirchen 2014. S. 17. = WMANT 140
36 *Karin Wenz*: Linguistik. S. 212f.

Sie alle haben ihre eigene Lösung, aber ob es die »richtige« ist, wird wohl für immer offen bleiben. Mir geht es um den ursprünglichen Sinn und Zweck der Orts- und Zeitangaben im Fortgang der Erzählung des Markusevangeliums, nämlich dem Leser den Ablauf des Geschehens nahezubringen. Es ist die Basis der Erzählebene, die Cilliers Breytenbach „die normale Erzählebene" nennt. Darüber hinausgehende Interessen verfolge ich nicht. Diese Ebene ist unabdingbare Voraussetzung für die drei weiteren der vier Erzählebenen, von denen Cilliers Breytenbach ausgeht, nämlich zweitens die Ebene der Kommunikation zwischen Erzähler und Leser, auf der „das Erzählte gedeutet, erläutert oder unterstrichen wird", drittens die eingebettete Kommunikationsebene mit der „Kommunikation zwischen den dargestellten Figuren in der Erzählung" und schließlich „die direkte Rede, die in die erste Kommunikationsebene eingefügt wird"[37]. Sie bleiben hier außer Betracht.

Dies vorausgesetzt, werde ich mich im Folgenden deshalb weder mit dem Messiasgeheimnis noch einem möglichen Gegensatz zwischen Galiläa und Jerusalem oder dem Hintergrund der einzelnen Episoden des Markusevangeliums, wie er sich für die Zeit um das Jahr 30 vermuten läßt, noch mit der Übertragung von Ergebnissen gegenwärtiger Narrativik befassen, auch nicht mit einem *spatial, topographical* oder *topological*

---

[37] *Cilliers Breytenbach*: Markusevangelium. S. 164.

turn[38] etwa in Gestalt eines mythischen oder literarischen Raumes samt den Schnittstellen von dessen horizontalen und vertikalen Handlungsebenen oder mit der nicht-räumlichen Bedeutung räumlicher Strukturen[39], ebenso wenig mit der möglichen symbolischen Valenz einzelner Orte, etwa Caesarea, sondern allein mit dem, was Cicero, der sich in *De oratore*, zumal in II 51-65[40], über griechische und römische Geschichtsschreibung ausläßt, den Antonius dort in II 63 über die schwierige Aufgabe der Geschichtsschreibung sagen läßt, daß eben die Art des zu gestaltenden Stoffes der zeitlichen Folge der Gegebenheiten und der Ortskunde bedarf. Es geht also nicht etwa um eine imaginäre Geographie oder die theologische Aufladung von Räumen, die beide auf der Landkarte nicht zu erkennen sind[41], sondern allein um eine synchrone Untersuchung des Markusevangeliums in dem uns vorliegenden, mutmaß-

---

38 Zu den Unterscheidungen zwischen diesen *turns* s. *Stephan Günzel*: Spatial Turn – Topographical Turn – Topological Turn. Über die Unterschiede zwischen Raumparadigmen. KulturPoetik 2 (2002) S. 219-237, die dort S. 219-230 sehr übersichtlich dargestellt sind. S. ferner *Michael C. Frank; Bettina Gockel; Thomas Hauschild; Dorothee Kimmich; Kirsten Mahlke*: Räume – Zur Einführung. Zeitschrift für Kulturwissenschaften 2 (2008) S. 7-16; *Stephan Günzel* (Hg.): Raumwissenschafen, dort bes. die S. 125 bis 241 u. *Doris Bachmann-Medick*: Spatial Turn. In: *Dies.*: Cultural Turns. Neuorientierungen in den Kulturwissenschaften. Reinbeck. 5. Aufl. 2014. S. 285-329. = Rowohlts Enzyklopädie 55675.
39 S. *Bärbel Bosenius*: Raum. S. 481.
40 Vgl. *Markus Völkel*: Geschichtsschreibung. Eine Einführung in globaler Perspektive. Köln 2006. S. 207. = UTB 2692.
41 Vgl. *Doris Bachmann-Medick*: Spatial Turn. S. 293-296, bes. 295f.

lich ursprünglichen Umfang zwischen 1,1 und 16,8[42] – auch wenn da und dort etwas textkritisch umstritten sein mag. Denn – und hier stimme ich *mutatis mutandis* Rainer Kessler zu – Ausgang und Ziel jeder Auslegung ist immer das Evangelium als Ganzes in seiner uns vorliegenden Gestalt; jede Rekonstruktion seiner Vorgeschichte ist notwendigerweise hypothetisch[43], ist nichts als „Vermutungswissenschaft"[44], und es ist ziemlich fraglich, ob und wenn ja, wie weit es überhaupt möglich ist, hinter der vorliegenden Endgestalt des Markusevangeliums dessen Vorgeschichte zu erhellen.

Auf der „normalen Erzählebene" erwähnt Markus etliche Orte und Territorien, die Namen von Herrschern, besondere Ereignisse wie Gefangennahme und Tod Johannes des Täufers (1,14; 6,14-29), das meteorologische Phänomen der Fallwinde am See Gennesaret (4,37), aber auch die Zeit des reifenden oder reifen Korns (2,23) oder die ortsübliche Dachkonstruktion der Häuser im Palästina des 1. Jahrhunderts (2,4)[45], das Fi-

---

[42] Zum Markusschluß grundlegend immer noch *Kurt Aland*: Der Schluß des Markusevangeliums. In: *Ders.*: Neutestamentliche Entwürfe. München 1979. S. 246-283. = TB. Bd. 63.

[43] *Rainer Kessler*: Zur Exegese der Propheten. HPB 2012. S. 128 bis 131, dort S. 129. Vgl. auch *Martin Hengel*: Entstehungszeit und Situation des Markusevangeliums. In: Markus-Philologie. S. 1-45, dort S. 19, und *Paul-Gerhard Klumbies*: Von der Hinrichtung zur Himmelfahrt. Neukirchen 2010. S. 3f. = BthSt 114.

[44] *Klaus Wengst*: Der wirkliche Jesus? Eine Streitschrift über die historisch wenig ergiebige und sinnlose Suche nach dem „historischen" Jesus. Stuttgart 2013. S. 305.

[45] *Jens Schröter*: Jesus von Nazaret. Jude aus Galiläa – Retter der Welt. Leipzig 2006. S. 82f. = Biblische Gestalten. Bd. 15; *Achim Lichtenberger*: Architektur und Bauwesen. In: NTAK. Bd. 2. Familie – Gesellschaft – Wirtschaft. Hg. v. Klaus Scherberich. Neukirchen 2005. S. 199-205, dort S. 202.

schen mit dem runden Wurfnetz, das noch um die Mitte des vergangenen Jahrhunderts im See Gennesaret in Gebrauch war (1,16)[46], und die Schiffahrt auf dem See (s. u. S. 65-70). Dies zu erwähnen hat nur Sinn, wenn es den Lesern, für die Markus schreibt (13,14!), wenigstens soweit bekannt ist, daß sie nachvollziehen können, was der Autor schildert, sie also in der Lage sind, die erzählte Geschichte als ein plausibles Ganzes aufzunehmen.[47] Das läßt für die in seinem Evangelium erzählte Welt Leser vermuten, denen die geographischen und topographischen Verhältnisse im damaligen Palästina einigermaßen vertraut waren.[48] Dies dürfte auch für die topologischen Beziehungen zwischen den von Markus genannten Orten gelten. Damit liegt es nahe, den syrisch-palästinensischen Raum als möglichen Abfassungsort in Betracht zu ziehen[49].

---

46 S. *Jörg Zink*: Tief ist der Brunnen der Vergangenheit. Eine Reise durch die Ursprungsländer der Bibel. Stuttgart 1988. S. 253; *Mendel Nun*: Der See Genezareth und die Evangelien. Archäologische Forschungen eines jüdischen Fischers. Gießen 2001. S. 30 bis 32. = Biblische Archäologie und Zeitgeschichte. Bd. 10.
47 S. *Reinhart Koselleck*: Geschichte. S. 60.
48 Anders etwa *Werner Georg Kümmel*: Einleitung in das Neue Testament. 20., erneut erg. Aufl. Heidelberg 1980. S. 69 mit Anm. 58.
49 So mit *Helmut Köster*: Einführung in das Neue Testament im Rahmen der Religionsgeschichte und Kulturgeschichte der hellenistischen und römischen Zeit. Berlin 1980. S. 602. *Eve-Marie Becker*: Markus-Evangelium. S. 102, ähnlich *Ludger Schenke*: Markusevangelium. S. 45-48, und *Gerd Theißen*: Lokalkolorit. S. 270, tendieren nach Syrien; *Dietrich-Alex Koch*: Geschichte des Urchristentums. Ein Lehrbuch. 2. korrigierte u. erw. Aufl. Göttingen 2014. S. 509f., bevorzugt Phönizien. Auf jeden Fall dürfte eine räumliche Nähe zu Palästina vorauszusetzen sein.

Für die verschiedentlich vermutete Abfassung des Markusevangeliums in Rom spielen die Ortsangaben im Evangelium keine Rolle, wohl aber die dort zu findenden Latinismen[50], gleich ob einzelne Wörter oder phraseologische Wendungen. Sie erweisen sich jedoch bei näherem Zuschauen – ein Blick in Bauer-Aland[51] genügt – als wenig taugliches Argument:

Μόδιος (modius, 4,21), λεγιών (legio, 5,9.15), δηνάριον (denarius, 6,37), κῆνσος (census, 12,14), Καῖσαρ (Caesar, 14,14.16f.) und κεντυρίων (centurio, 15,39.44f.) begegnen bereits im 2. oder spätestens im 1. Jahrhundert v. Chr. in der Koine. Πυγμή bzw. πυκνά (pugnus, 7,3) dürfte als Latinismus ausscheiden bzw. wäre bereits seit dem 5. Jahrhundert v. Chr. oder gar Homer als Latinismus belegt, was aus naheliegenden Gründen wenig wahrscheinlich ist. Von den verbleibenden Latinismen, die bisher nicht vor dem 1. Jahrhundert n. Chr. nachgewiesen sind, gehören ξέστης (sextarius?, 7,4; jedoch unsicher, ob überhaupt Latinismus) und κοδράντης (quadrans, 12,42) dem Maß- bzw. Münzwesen an; römische Münzen waren im ganzen Imperium Romanum in Umlauf, und gewiß war es auch damals gut, die Wechselkurse für die gängigen Währungen zu wissen. Σπεκουλάτωρ (speculator, 6,27) entstammt dem Rechtswesen, und πραιτώριον (praetorium, 15,16) ist militärischer Fachausdruck, der geläufig gewesen sein dürfte, da *Syria* und *Iudaea* zur Zeit des Markus Provinzen

---

50 S. *Friedrich Blass; Albert Debrunner*: Grammatik des neutestamentlichen Griechisch. Bearb. v. Friedrich Rehkopf. 15., durchgesehene Aufl. Göttingen 1979. S. 6f., § 5,1; *Udo Schnelle*: Einleitung in das Neue Testament. 8., durchgehend neubearbeitete Aufl. Göttingen 2013. S. 268. = UTB 1830.

51 *Walter Bauer*: Griechisch-Deutsches Wörterbuch zu den Schriften des Neuen Testaments und der frühchristlichen Literatur. 6., völlig neu bearb. Aufl. im Institut für neutestamentliche Textforschung, Münster, unter besonderer Mitwirkung von Viktor Reichmann hg. v. Kurt Aland u. Barbara Aland. Berlin 1988. S. v.

mit Legionsstandorten waren. Es bleibt bloß φραγελλόω (flagellare, 15,15) übrig, das bislang nur je einmal bei Markus und Matthäus, jedoch sonst nicht vorkommt. Nehmen wir noch die drei mutmaßlichen phraseologischen Latinismen[52] hinzu, die sich bei Markus finden: ῥαπίσμασιν αὐτὸν ἔλαβον (verberibus eum acceperunt, 14,65), τὸ ἱκανὸν ποιεῖν (satisfacere, 15,15) und τιθέναι τὰ γόνατα (genua ponere, 15,19), dann sei nur an die neudeutsche Wendung erinnert, daß etwas „Sinn mache" – ein immer mehr um sich greifender Anglizismus, der von wenig Verständnis für unsere eigene und die englische Sprache zeugt. In der Antike waren in der Koine jedoch die Latinismen ebenso alltäglich, wie es für uns die Anglizismen sind. Aber leben wir deshalb in London? Was bleibt? Nichts, was in der Sprache des Markusevangeliums für eine Abfassung in Rom spräche.[53]

---

52 BDR. S. 7, § 5,4.
53 Vgl. auch *Helmut Köster*: Einführung. S. 602.

2. Das Zeitgerüst

2.1 Die Darstellungsmittel des Markus

War Markus überhaupt an der Größe „Zeit" im Ablauf des Geschehens interessiert, und wenn ja, dann wie? Unübersehbar markiert er mit einer Fülle verschiedenster Wörter und Wendungen das zeitliche Nach- und Nebeneinander von Ereignissen aus dem Abschnitt des Lebens und Wirkens Jesu, über den er berichtet. Angesichts dessen wird diese Frage insoweit zu bejahen sein, daß er Interesse an einer zeitlichen Abfolge und damit an einem Zeitgerüst gehabt haben dürfte. Darum ist zu klären, ob sich anhand der temporalen Adverbialbestimmungen, Temporalsätze und -adverbien eine Art zeitlichen Bewegungsprofils des markinischen Jesus erstellen läßt.

2.1.1 Temporale Adverbialbestimmungen und Temporalsätze

Das Evangelium beginnt mit dem Auftreten Johannes des Täufers (1,4), dessen Datum sich aber aus den Zeitangaben des Markusevangelium nicht ermitteln läßt, so daß wir auf andere Quellen angewiesen sind. Schon am Anfang seines Evangeliums läßt Markus also erkennen, daß ihm offenbar keine absoluten Daten für eine zuverlässige Chronologie zur Verfügung standen. Auf Grund des Synchronismus in L 3,1 wäre das Auftreten des Täufers, je nachdem, ob die Regierungsjahre des Tiberius syrisch oder römisch gezählt werden, entweder auf das Jahr 27/28 oder das Jahr 28/29 zu datieren. „*In jenen Tagen*", also irgendwann danach, wohl noch im selben Jahr, wie das Johannesevangelium (J 2,20) nahelegt, ließ Jesus sich von Johannes taufen (1,9). L 3,1 und J 2,20 sind die einzigen genaueren Daten in den Evangelien. Alle daraus gezogenen Schlußfolgerungen hängen ab von deren Zuverlässigkeit, die ich hier unterstelle und von der ich ausgehe, zumal es nur diesen chronologischen Anhalt gibt.

Nach der Taufe war Jesus „*vierzig Tage*" in der Wüste (1,13). Während diese vierzig Tage (vgl. Gn 50,3; Ex 24,18; Nu 13,25 u. a. m.) gleichsam als ein retardierendes Element dienen, wirkt der unmittelbar folgende Sammelbericht oder – mit Klaus Berger[54] – „Basisbericht" 1,14f., der eine gewisse Spanne, gleich welcher Dauer, zusammenrafft, beschleunigend und vorwärts drängend. Das gilt auch für andere Berichte dieser Art wie in 1,39.45; 2,13; 3,7-12; 4,33f.; 6,5f. 12f. 55f. und eingeschränkt auch für 1,32-34; 3,13 sowie 6,30-32, die jedoch vom Evangelisten durchaus unterschiedlich gestaltet sind.

„*Nach der Gefangennahme des Johannes*" ging Jesus nach Galiläa (1,14). Wieviel Zeit seither vergangen ist, läßt sich nicht ermitteln. Wichtig ist allein, daß Johannes sozusagen abgetreten war, bevor Jesus auftrat. Das deutet schon 1,8 an: Johannes hat getauft (Aorist), während Jesus taufen wird (Futur). Wie schon beim Zeitpunkt der Taufe auf das Lukasevangelium sind wir hier mit den *Antiquitates Iudaicae* des Josephus vor allem auf eine Quelle außerhalb des Markusevangeliums angewiesen, die jedoch nur bedingt weiterhilft:

---

54 *Klaus Berger*: Formgeschichte. S. 331-333; vgl. auch *Eve-Marie Becker*: Die markinischen Summarien – ein literarischer und theologischer Schlüssel zu Mk 1-6. In: Evangelist. S. 327-349.

Die Verhaftung des Täufers hatte Herodes Antipas veranlaßt. Sie stand möglicherweise im Zusammenhang mit seinem Plan, seine Schwägerin Herodias, eine Tochter seines Halbbruders Aristobul und Frau seines Halbbruders Herodes Boethus, zu heiraten und seine erste Frau Phasaelis, eine Tochter des Nabatäerkönigs Aretas IV. Philopatris, zu verstoßen. Sie floh daraufhin von Machärus nach Petra, der Hauptstadt des Nabatäerreiches. Das berichten ziemlich unterschiedlich Josephus (AJ XVIII 5,1f.[55]) und Markus (6,17-29), dem die nicht einfach zu durchschauenden Familienverhältnisse der Söhne Herodes' des Großen offenbar nicht ganz geläufig waren. Herodes Antipas verstieß seine erste Frau vermutlich zwischen 30 und 32. Zusammen mit anderen Vorkommnissen führte das spätestens 36 zu einem Krieg zwischen Herodes Antipas und Aretas IV., der mit einer vernichtenden Niederlage des Herodes endete. Vor dieser Niederlage muß Johannes der Täufer ermordet worden sein. Seine Verhaftung dürfte daher frühestens im Jahr 29/30 erfolgt sein, eher wohl später, seine Hinrichtung auf jeden Fall vor 36.[56] Robert Wenning datiert die Flucht der

---

[55] Des Flavius Josephus Jüdische Altertümer. Übers. u. m. Einl. u. Anm. versehen von *Heinrich Clementz*. Halle 1899. Nachdr. Wiesbaden o. J.

[56] Dazu s. *Otto Böcher*: Johannes der Täufer II. Neues Testament. In: TRE. Bd. XVII. Berlin 1988. S. 173-181, dort S. 175; *Edmondo Lupieri*: Johannes der Täufer. I. Neues Testament. In: RGG. 4. Aufl. Bd. 4. Tübingen 2001. Sp. 514-517, dort Sp. 514; *Bo Reicke*: Herodes. 3. In: BHH. Bd. 2. Göttingen 1964. Sp 700f.; *Rainer Riesner*: Fixpunkte für eine Chronologie des Neuen Testaments. In: NTAK. Bd. 1. Prolegomena – Quellen – Geschichte. Hg. v. Kurt Erlemann; Karl Leo Noethlichs. 2. Aufl. Neukirchen 2004. S. 214 bis 220, dort S. 214f.; *Robert Wenning*: Herodes und Petra – Eine vielschichtige Nachbarschaft. In: Herodes. König von Judäa. Hg. v. Jürgen K. Zangenberg. Darmstadt 2016. S. 47-60, dort S. 47f.

Tochter des Aretas auf das Jahr 35, Wolfgang Schenk Verhaftung und Tod des Täufers auf die Zeit um 35.[57]

Letztlich kommen wir hier nicht über Vermutungen hinaus, weil weder Markus noch der etwas umfangreichere Bericht des Josephus genauere Daten liefern. Zudem ist eine gewisse Skepsis geboten, weil beide die Geschichte der Hinrichtung des Johannes in einer Art Rückblende erzählen.

Doch warum nennt Markus den Tetrarchen Herodes Antipas einen „König" (6,14) und sein Reich ein „Königreich" (6,23), anders als Josephus (BJ I 33,8), Matthäus (Mt 14,1) und Lukas (L 3,1.19; 9,7), die ihn richtig als „Tetrarchen"[58] bezeichnen? Von Josephus wissen wir, daß Herodes Antipas, nicht zuletzt getrieben von Herodias, gerne König geworden wäre, er aber stattdessen in der Verbannung endete (Jos. AJ XVIII 7,1f.). Daß Markus ihn in Erinnerung an dessen Vater Herodes den Großen einen König genannt habe[59], halte ich für wenig wahrscheinlich, da Herodes schon lange tot war. Dafür, daß es sich um einen lokalen Brauch gehandelt habe, ihn König zu nennen[60] und sein Herrschaftsgebiet ein Königreich, spricht eine Bemerkung in den 77 veröffentlichten *Naturalis historiae libri XXXVII* des älteren Plinius, daß nämlich zwischen den Städten der Dekapolis und rund um sie Tetrarchien lägen, „einem König-

---

Die von *Udo Schnelle*: Einleitung. S. 618, vorgeschlagenen Datierung des Todes von Johannes dem Täufer auf 28/29 halte ich für zu früh.

57 Robert Wenning: Herodes. S. 48; Wolfgang Schenk: Gefangenschaft und Tod des Täufers. Erwägungen zur Chronologie und ihren Konsequenzen. NTS 29 (1983) S. 453-483, dort S. 463f.
58 Matthäus nennt ihn Mt 14,9 allerdings auch „König".
59 *Dieter Lührmann*: Das Markusevangelium. Tübingen 1987. S. 115. = HNT 3.
60 So *Vincent Taylor*: The Gospel according to St. Marc. 2. Aufl. London 1966. S. 308; ähnlich *Joachim Gnilka*: Das Evangelium nach Markus. 1. Teilbd. Mk 1,1-8,26. Neukirchen 1978. S. 247. = EKK. Bd. II/1.

reich gleich, und sie werden auch als Königreiche (*regna*) gezählt" (nat. 5,74[61]; s. u. S. 74f.).

Herodes Antipas war zur Zeit Jesu Tetrarch von Galiläa und Peräa. In der Zeit, als Markus sein Evangelium schrieb, herrschte über den Teil Galiläas, in dem Jesus sich nach diesem Evangelium vor allem aufhielt, nämlich über die an den See Gennesaret grenzenden Gebiete, und über einen kleinen Teil Peräas, der Jericho gegenüber lag[62], jedoch ein König: Marcus Iulius Agrippa II. (50 bis 92/94; s. Act 25,13 bis 26,32). Dessen Vater Iulius Agrippa I. war schon 37 von Caligula zum König der einstigen Philippus-Tetrarchie ernannt worden. Als er 44 starb, herrschte er außerdem über die ehemalige Antipas-Tetrarchie, also Galiläa und Peräa, sowie die Gebiete der 1. Prokuratur, nämlich Idumäa, Judäa und Samaria.

Nach einer Zwischenzeit, in der die Römer alles wieder einer Prokuratur unterstellt hatten, weil ihnen Agrippa I. zu mächtig geworden war, wurde sein Sohn 48 König von Chalkis und seit 53 außerdem Herrscher über die ehemalige Philippus-Tetrarchie, zu der seit 39 auch das Gebiet von Abila am Libanon sowie seit 56 kleinere Teile Galiläas und Peräas gehörten.[63] Offenbar spiegelt sich historisch-

---

61 C. Plinius Secundus d. Ä.: Naturkunde. Bd. II. Geographie. Hg. u. übers. v. *Roderich König* in Zusammenarbeit mit Gerhard Winkler u. Kai Brodersen. Düsseldorf 2008; C. Plinii Secundi naturalis historiae libri XXXVII. Post L. Iani obitum recognovit et scripturae discrepantia adiecta edidit *Carolus Mayhoff*. Vol. VI. Leipzig 1892-1909.

62 S. Tübinger Bibelatlas. Auf der Grundlage des Tübinger Atlas des Vorderen Orientes (TAVO) hg. v. Siegfried Mittmann & Götz *Schmitt*. Stuttgart 2001. Karte B V 17.1.

63 S. *Michael Avi-Yonah*: Palaestina. München 1974. Sonderdruck aus: PRE.S. Bd. XIII. Sp. 321-454, dort Sp. 380-382; *Helmut Castritius*: Agrippa I. In: Neues Lexikon des Judentums. Hg. v. Julius H. Schoeps. Gütersloh 2000. S. 26; ders.: Agrippa II. Ebd. S. 26f.; *Klaus Bringmann*: M. I. Agrippa II. In: DNP. Bd. 6. Stuttgart 2003/2012. Sp. 24.

geographisch im Markusevangelium weniger die Zeit Jesu als vielmehr die Zeit des Evangelisten (s. u. S. 72-79[64]): Landesherr über Galiläa und Peräa (s. o.) zur Zeit des Markus war eben ein König. Der Evangelist nahm offenbar an, daß der Landesherr zur Zeit Johannes des Täufers und Jesu auch ein König gewesen sei – ein Indiz gegen eine Frühdatierung des Markusevangeliums.

Aus alledem ergibt sich, daß Markus und Josephus – zwar aus unterschiedlichen Gründen – mehr am „Daß" dieses Geschehens als an dessen genauer zeitlicher Einordnung interessiert waren. Außer Herodes, Philippus, Herodias und Pilatus (15,1-15.43f.) erwähnt Markus keine Namen von Personen aus der „normalen" Geschichte, fällt anders als in den übrigen Evangelien nicht einmal der Name des amtierenden Hohenpriesters, und in 12,13-17 bleibt auch der Kaiser ohne Namen. Sie waren wohl längst dem Vergessen anheimgefallen, denn die „normale" Geschichte spielt überhaupt keine Rolle in dem, worauf es Markus ankommt[65]. Auf einer Zeitleiste läßt sich deshalb der Beginn des öffentlichen Auftretens Jesu nur ebenso ungefähr festmachen wie die Verhaftung und Hinrichtung Johannes des Täufers (s. o. S. 32f.).

Als nächstes erfahren wir, daß Jesus sich am See Gennesaret aufhielt und „am Sabbat" in der Synagoge von Kafarnaum lehrte (1,21). Wohl noch am selben Tag brachte man, „als es aber Abend geworden und die Sonne untergegangen war", Kranke zu ihm (1,32). „In der Frühe, als es noch ganz dunkel war", entwich er

---

64 S. a. *Johannes Fried*: Schleier. S. 309.
65 Vgl. *Johannes Fried*: Schleier. S. 312; s. a. *Eve-Marie Becker*: Einführung. S. 6; *dies.*: Konstruktion. S. 255-258.

dann an einen einsamen Ort (1,35). *„Nach einigen Tagen"* war er wieder in Kafarnaum (2,1), *„saß im Haus* (Levis) *zu Tisch"* (2,15) und ging irgendwann später *„an einem Sabbat"* durch ein *„Feld mit* (reifendem oder eher schon reifen) *Korn"* (2,23) – also in oder kurz vor der Erntezeit, die in der Regel bei Gerste noch vor dem Passafest und bei Weizen nicht lange nach diesem Fest war. Anschließend heilte er *„an einem Sabbat"* – war es derselbe wie in 1,21 oder ein anderer? – in der Synagoge, vermutlich der von Kafarnaum, einen Mann mit einer verkümmerten Hand (3,1f.). Da Jesus nach Markus an einem Passafest hingerichtet wurde (s. u. S. 45), ergibt sich aus dem Hinweis auf das reifende oder reife Korn, daß Jesus nach Ansicht des Evangelisten auf jeden Fall mindestens ein Jahr gewirkt hat.

Im Anschluß an die Gleichnisrede (4,1-34) sagte er zu seinen Jüngern *„an jenem Tag, als es Abend geworden war"*, daß sie hinüber zum anderen Ufer fahren wollten (4,35).

Nach einer Fülle von Ereignissen lehrte Jesus, *„nachdem es Sabbat geworden war"*, in der Synagoge seiner Vaterstadt (6,2). Dann teilt Markus, auf schon Vergangenes zurückblickend und die Abwesenheit der Jünger überbrückend, mit, daß man erzähle, *„Johannes der Täufer sei von den Toten auferstanden"*, den der „König" Herodes doch habe enthaupten lassen (6,14; vgl. 6,16-29 u. s. o. S. 32f.). Vor der Speisung der 5000 forderte Jesus die Jünger auf, *„ein wenig"* zu ruhen (6,31). Dann erfahren wir, daß *„die Stunde schon vorgerückt war"*, und noch einmal, daß *„die Stunde vorgerückt war" (6,35)*. Zur Speisung gebot Jesus den Anwesenden, *„sich auf dem grünen Gras niederzulassen"* (6,39) – ein Hinweis auf das Frühjahr, die Zeit zwischen Mitte März und Mitte Mai. Ob es sich aber für den Evangelisten um dasselbe Frühjahr wie in 2,23 handelte oder ein späteres, bleibt offen. Nach der Speisung heißt es: *„als es Abend geworden war"* (6,47), und kurz danach: *„um die vierte Nachtwache"* (6,48; vgl. 14,68.72) – das „Morgengrauen", die „Geisterstunde" (6,49).

Die Speisung der 4000 geschah *„in jenen Tagen"* (8,1), in denen die Menge *„schon drei Tage"* bei Jesus weilte (8,2). Die nächste Zeitangabe ist der Hinweis auf die Auferstehung Jesu *„nach drei Tagen"* (8,31), der in den beiden folgenden Kapiteln wiederholt wird (9,31; 10,34; s. u. S. 100). *„Nach sechs Tagen"* stieg Jesus mit drei Jüngern auf den Berg der Verklärung (9,2). Weder hier in μετὰ ἡμέρας ἕξ noch in 1,21, wo Detlef Dormeyer εὐθὺς τοῖς σάββασιν mit „am folgenden Sabbat" übersetzt, noch in Kapitel 11 bis 16 mit den drei (11-13) plus fünf (14-16; s. u. S. 41-48) nicht zusammenhängenden acht (!) Tagen ist ein Wochenschema[66] zu erkennen.

Jesus begab sich ein letztes Mal nach Kafarnaum (9,33) und brach von dort nach Jerusalem auf (10,1.32f.). Aus dem, was die Kapitel 1 bis 10 an Zeitangaben bieten, ist zwar begründet zu vermuten, daß Jesus seine Verkündigung des „Evangeliums Gottes" (1,14) in oder einige Zeit nach dem Jahr 27/28 oder 28/29 begann und nach Meinung des Markus mindestens ein Jahr lang wirkte. Ein genauerer Zeitablauf für ein Bewegungsprofil, das mehr ist als ein Nacheinander von Ereignis-

---

66 So *Detlef Dormeyer*: Das Markusevangelium als Idealbiographie von Jesus Christus, dem Nazarener. 2., verb. u. erw. Aufl. Stuttgart 2002. S. 168. = SBB 43; ähnlich *Ludger Schenke*: Markusevangelium. S. 81.

sen, läßt sich daraus nicht erstellen. Die Daten im Evangelium, die sich oft nur auf das gerade Geschilderte beziehen, reichen dafür nicht aus. Denn sie verknüpfen im besten Fall zwei Ereignisse – oder Episoden – miteinander, die eine bestimmte Spanne wie „vierzig" oder „drei" Tage (1,13; 8,2) oder irgendeinen unbestimmten Zeitraum auseinanderliegen (2,1; 8,1). Zudem lassen sich weder die Verhaftung noch die Hinrichtung Johannes' des Täufers zuverlässig datieren (s. o. S. 32f.). Aus der Art, wie Markus mit diesen Nachrichten (1,14; 6,14.16-29) verfuhr, ist vor allem eines zu entnehmen: Es war ihm wichtig, daß der „Stärkere, der nach mir kommt" (1,7), erst auftrat, nachdem dessen Vorläufer (1,2f.) abgetreten war.

Anders verhält es sich in den letzten sechs Kapiteln, den Tagen Jesu in Jerusalem. Der erste Tag in dieser Stadt, an dem Jesus mit den Jüngern den Tempel besichtigt, endet, *„als es schon spät geworden war"*, mit dem Gang nach Betanien (11,11). Wann und wo dieser erste Tag in Jerusalem begann, wird dem Leser vorenthalten. Mit *„am nächsten Tag"* beginnt der folgende (11,12), an dem Jesus den Tempel von Käufern und Verkäufern befreit und die davon Betroffenen belehrt, daß der Tempel ein Haus des Gebets sei. Am Ende des Tages verlassen Jesus und seine Jünger, *„als es spät geworden war"*, die Stadt (11,19). Am übernächsten, dem dritten Tag, brechen sie *„in der Frühe"* nach Jerusalem auf (11,20.27). Wir erfahren aber nicht, wann und wo dieser Tag endet, an dem Jesus im von Käufern und Verkäufern befreiten Tempel und auf dem Ölberg gegenüber dem Tempel lehrt – diese drei Tage enden so offen, wie sie begonnen haben (s. u. S. 41f.), ohne feste zeitliche Anbindung. Daß es später heißt, Jesus sei „*Tag für Tag*" im Tempel gewesen und habe dort gelehrt (14,49), legt nahe, daß nach Markus zwischen diesem dritten Tag in Jerusalem und dem, von dem er in 14,1 als nächstem berichtet, durchaus einige Tage verstrichen sein könnten, ja dürften[67]. Lukas jedenfalls hat Markus eindeutig so verstanden (L 19,47; 20,1; 21,37; vgl. auch Mt 22,46); denn er übernimmt dessen καθ' ἡμέραν. Immerhin, die Kapitel 11 bis 13 haben eine klare zeitliche Struktur: drei aufeinander folgende Tage in der Zeit vor dem Passafest, die allerdings anders als die fünf Tage in den Kapiteln 14 bis 16 (s. u. S. 44-47) nicht genau im Ablauf des Kalenderjahres einzuordnen sind.

Einen Hinweis auf eine mögliche Datierung des Evangeliums gibt 13,2: Die Aussage, daß vom Tempel kein Stein auf dem anderen bleiben werde, ist eigentlich nur vorstellbar, wenn der Tempel – anders als im Sommer 586 v. Chr. bei der Zerstörung durch Nebu-sar-adan – nicht bloß niedergebrannt (2Reg 25,9; 2Chr 36,19; Jr 52,13: ἐνέπρησεν[68]), sondern außerdem noch geschleift wurde (Jos. BJ VII 1,1: κατασκάπτειν). Denn obgleich Titus ihn nicht hatte zerstören wollen (Jos. BJ VI 4,3), war er auch diesmal trotz aller Löschversuche der Römer niedergebrannt, nachdem ein

---

[67] So mit *Vincent Taylor*: Gospel. S. 560; ähnlich *Gert Lüderitz*: Rhetorik. S. 194. Auf das sich hier ergebende chronologische Problem einer Art von zeitlicher „Dehnfuge" gehen z. B. *Joachim Gnilka*: Das Evangelium nach Markus. 2. Teilbd. Mk 8,27-16,20. Neukirchen 1979. S. 270. = EKK. Bd. II/2, *Dieter Lührmann*: Markusevangelium. S. 246, und *Peter Dschulnigg*: Markusevangelium. S. 375, nicht ein.
[68] Vgl. *Eckart Otto*: Jerusalem – die Geschichte der Heiligen Stadt. Stuttgart 1980. S. 89. = UB 308.

Legionär ein „Stück aus dem lodernden Brande"[69] durch ein Fenster in den Tempel geworfen hatte (Jos. BJ VI 4,5-7). Nach einem Fragment aus den verlorenen Teilen von Buch V der *Historiae* des Tacitus, das Sulpicius Severus (4./5. Jh.) in *Chronica* II 30,6f. überliefert hat, soll dagegen Titus selbst die Zerstörung des Tempels angeordnet haben.[70]

Der Tempel dürfte also zur Zeit der Abfassung des Evangeliums bereits in Schutt und Asche gelegen haben. Er war auf Befehl des Titus nach der endgültigen Eroberung Jerusalems zusammen mit der Stadt bis auf die Türme Phasael, Hippikos und Mariamme sowie die Westmauer der Stadt geschleift worden: „Die gesamte übrige Ringmauer machten die Soldaten bei ihrem Zerstörungswerk so gründlich dem Erdboden gleich (κατασκάπτοντες), daß künftigen Besuchern dieser Gegend keine Anhaltspunkte für die Annahme gegeben werden sollten, hier hätten jemals Menschen gewohnt" (Jos. BJ VII 1,1)[71] – so geschehen im Herbst 70. Darum dürfte 13,14 gleichfalls eher als *vaticinium ex eventu* denn als Prophetie anzusehen sein; das macht eine Datie-

---

69 Flavius Josephus: De Bello Judaico. Der jüdische Krieg. Griechisch und Deutsch. Bd. II: Buch IV-VII. Hg. u. mit einer Einl. sowie mit Anm. versehen von *Otto Michel* u. *Otto Bauernfeind*. Darmstadt. Sonderausg. 2013. S. 45 (von Bd. II,2).
70 P. Cornelius Tacitus: Historien. Lateinisch-deutsch. Hg. v. *Joseph Borst* unter Mitarb. v. Helmut Hross u. Helmut Borst. 4. Aufl. München 1979. S. 548f.; Sulpicii Severi libri qui supersunt. Recensuit et commentario critico instruxit *Carolus Halm*. Wien 1866. S. 85. = CSEL. Vol. 1.
71 Flavius Josephus: Krieg. Bd. II. S. 79 (von Bd. II,2). Cassius Dio 65,6 (durch Zitate in den *Excerpta de legationibus ad Romanos* und den Ἐκλογαί des Johannes Xiphilinios überliefert), bringt gegenüber Josephus nichts Neues (Cassius Dio: Römische Geschichte. Übers. v. *Otto Veh*. Bd. V. Epitome der Bücher 61-80. Zürich 1987). S. a. *Joachim Gnilka*: Evangelium. 2. S. 184; *Dieter Lührmann*: Markusevangelium. S. 217f.; *Udo Schnelle*: Einleitung. S. 270; anders *Vincent Taylor*: Gospel. S. 500f.; *Peter Dschulnigg*: Markusevangelium. S. 334f.

rung des Markusevangeliums vor 70 wenig wahrscheinlich[72].

In diesen Zusammenhang gehört auch das Zerreißen des Vorhangs im Tempel (15,38), was nur zu verstehen sei, worauf bereits Martin Dibelius in seiner Formgeschichte hinwies, wenn die Zerstörung des Tempels schon der Vergangenheit angehöre. Darauf deuteten gleichfalls die von Josephus BJ VI 5,3 und von Tacitus hist. V 13 überlieferten Ereignisse, die Markus als Quelle gedient haben könnten.[73] Für einen gewissen Abstand vom jüdischen Aufstand und damit eine Datierung nach 70 spricht ferner, daß jeglicher Hinweis auf aktuelle Kriegsereignisse fehlt.

Ob Markus 11,1 zeitlich unmittelbar an 10,52 anschließt, mag offenbleiben. Der Übergang ist hier jedenfalls nicht anders als zwischen 10,16 und 17 oder 10,31 und 32 oder 10,45 und 46. Stets geht es um ein Nacheinander, ohne Auskunft, ob dies unmittelbar oder nach einer – gleich, wie langen – Pause geschehen ist. Es entsteht der Eindruck, daß zumindest 10,46-11,11, eher sogar 10,32-11,11 einem einzigen Tag angehören. Auch ὁδός (10,52; 11,8) trägt zu diesem Eindruck bei. Auf jeden Fall ist die zeitliche Anbindung der Kapitel 11 bis 13 an Kapitel 10 wesentlich enger als an die folgenden[74], denn:

---

72 S. a. *Eve-Marie Becker*: Markus-Evangelium. S. 99f.; *Gottfried Rau*: Das Markusevangelium. Komposition und Intension. In: ANRW. Teil II. Bd. 25,3. Berlin 1985. S. 2036-2257, dort S. 2232; *Gert Lüderitz*: Rhetorik. S. 194; *Dietrich-Alex Koch*: Geschichte. S. 176 Anm. 22.
73 *Martin Dibelius*: Die Formgeschichte des Evangeliums. 2. Aufl. Tübingen 1933. S. 196.
74 Vgl. *Eve-Marie Becker*: Markus-Evangelium. S. 398 u. 404; *Joachim Gnilka*: Das Evangelium. 2. S. 210, ist hingegen der Meinung, daß 14,1 „nahtlos" an 13,37 anschließt.

Mit 14,1 setzt der Evangelist ohne Verbindung mit dem Vorangegangenen neu ein: *„Es war aber das Fest des Passa und der ungesäuerten Brote nach zwei Tagen"* (vgl. Hos 6,2). Mit diesem Datum haben wir erstmals einen im jüdischen Kalender verankerten Tag vor uns, nämlich den 13. Nisan – einen Mittwoch[75]. Das ist im Markusevangelium der Tag, an dem die Hohenpriester und Schriftgelehrten (vgl. 10,33) den Beschluß faßten, Jesus zu töten, aber: *„Nicht am Fest!"* (14,2).

Hier wie im Folgenden ist zu beachten, daß für Markus als Griechen der Tag erst um Mitternacht begann und nicht wie bei den Juden schon mit Sonnenuntergang. So heißt es in 14,12: *„Und am ersten Tage der ungesäuerten Brote, als sie das Passalamm schlachteten"*. Das ist eindeutig gegen Mittag des 14., also des Tages vor dem Fest, und nicht des 15. Nisan – und wegen 15,42; 16,1 ein Donnerstag. 14,16 bestätigt das: *„Und sie bereiteten das Passamahl."*

„Als es Abend geworden war" (14,17) zeigt den Beginn des neuen Tages an, des 15. Nisan[76] – ein Freitag (15,42). In die Nacht gehört das Singen des *Lobgesangs* (Hallel, 14,26) und später das zweimalige *„ein Hahn krähte"* (14,68.72; vgl. 6,48f.) zu Beginn der Morgendämmerung. *„Gleich am Morgen"* (15,1), also

---

[75] Mit *Erich Klostermann*: Markusevangelium. 4., erg. Aufl. Tübingen 1950. S. 140. = HNT 3; *Josef Blinzler*: Der Prozeß Jesu. 4., erneut rev. Aufl. Regensburg 1969. S. 123; *Joachim Gnilka*: Evangelium. 2. S. 220; *Dieter Lührmann*: Markusevangelium. S. 232; *Peter Dschulnigg*: Markusevangelium. S. 351.

[76] Und nicht des 14. Nisan, wie *Paul-Gerhard Klumbies*: Mk 16,1-8 als Verbindung zwischen erzählter und außertextlicher Welt. In: Hinrichtung. S. 129-143, dort S. 130, u. in: *Ders.*: Vom hingerichteten Jesus zum trinitarischen Gott. In: Hinrichtung. S. 197-206, dort S. 197, schreibt.

mit Sonnenaufgang – etwa gegen 6 Uhr –, beschloß der Hohe Rat, Jesus an Pilatus zu übergeben. „*In der dritten Stunde*" (15,25) – gegen 9 Uhr – wurde Jesus gekreuzigt. „*In der sechsten Stunde*" – nach 12 Uhr – kam eine Finsternis über das Land „*bis zur neunten Stunde*" (15,33) – etwa 15 Uhr, die Stunde, in der Jesus starb (15,34-37). „*Und als es schon Abend wurde – denn es war Rüsttag, das heißt, der Tag vor dem Sabbat*" (15,42), wohl kurz vor 18 Uhr und gerade noch rechtzeitig vor Beginn des Sabbats – des 16. Nisan – wurde Jesus begraben (15,46). Blicken wir zurück auf die Kapitel 14 bis 15, wird deutlich, daß wir hier gleichfalls eine klare zeitliche Struktur vorfinden: Markus erwähnt nun nicht mehr nur die Tage (14,1.12.17; 15,42), sondern fast durchgehend auch die Tageszeiten, sowohl indirekt (14,12.16.26.68.72) als auch direkt (14,17; 15,1.42), und zählt auf dem Höhepunkt des dramatischen Geschehens schließlich die Stunden (15,25.33f.): Die Verkürzung des zeitlichen Abstands zwischen zwei Ereignissen, zumal zwischen 15,1 und 42, auf eine Art Drei-Stunden-Rhythmus, dient hier als Mittel der dramatischen Steigerung, nicht zuletzt in der geradezu hämmernden Zählung der Stunden: „dritte", „sechste", „neunte".

„*Nachdem der Sabbat vergangen war*" (16,1), am Samstagabend – der 17. Nisan hatte begonnen – kauften die drei Frauen Maria aus Magdala, Maria, des Jakobus Mutter, und Salome (15,40.47) wohlriechende Öle, um damit den Leichnam Jesu zu salben.

„Und sehr früh am ersten Tag der Woche, als die Sonne aufging" (16,2), am Sonntagmorgen[77], kamen sie zum leeren Grab: Der Höhepunkt des Geschehens ist vorüber, die Dramatik läßt nach, Markus zählt wieder nur Tage wie in Kapitel 11 bis 13. Wie diese Kapitel sind auch die Kapitel 14 bis 16 zeitlich klar unterteilt: Es sind die fünf aufeinander folgenden Tage vom 13. bis zum 17. Nisan.

Die Zeitangaben, mit deren Hilfe Markus die Kapitel 11 bis 16 strukturiert, lassen also ein deutlich gegliedertes Bewegungsprofil erkennen, allerdings mit einer Zäsur von unbekannter Länge zwischen dem Ende von Kapitel 13 und dem Anfang von Kapitel 14. Oder anders: Die acht Tage von 11,1 bis 16,8 folgen nicht unmittelbar aufeinander, sondern bilden zwei Gruppen von Tagen: drei Tage (11,1-13,37) und fünf Tage (14,1 bis 16,8) oder drei (14,1-15,47) plus zwei Tage (16,1-8), die ein je anderes zeitliches Gefüge haben. Ob und wieviel Zeit dazwischen vergangen ist (14,49!, s. o. S. 38f.), läßt sich dem Evangelium nicht entnehmen. Offenbar liegt Markus nichts an einem Wochen- oder Sieben-Tage-Schema, eher wohl daran, wie der nicht an das Vorhergegangene anknüpfende Vers 14,1 zeigt, zwischen den Kapiteln 11 bis 13 und 14 bis 16 so et-

---

[77] Die Szene am Grab wird nicht mit einer vierfachen Zeitangabe eröffnet (so *Paul-Gerhard Klumbies*: Das Raumverständnis in der Markuspassion. In: *Ders.*: Hinrichtung. S. 25-49, dort S. 45, und *ders.*: Verbindung. S. 142); denn der Abend in 16,1 gehört als Beginn des Tages nach dem Sabbat noch zum Samstag, während es sich in 16,2 um den Morgen des Sonntags handelt. Dazwischen liegt der Einkauf der Frauen und vor allem die Nacht. Beide Zeiten, sowohl der Abend wie der Morgen, sind also auch mit einer je anderen Handlung der Frauen besetzt. Und nach 16,1 steht ein Punkt!

was wie eine Atempause eintreten zu lassen, auf die später in 14,49 noch einmal zurückgeblickt wird.

Nach Markus starb Jesus an einem Freitag. Darin stimmen die drei Synoptiker mit dem Johannesevangelium überein, nicht jedoch auf welchen Tag des jüdischen Kalenders dieser Freitag fiel, ob auf den 14. oder 15. Nisan. Davon hängt allerdings nur bedingt ab, in welchem Jahr dies geschehen sein könnte (s. u.). Für die drei Synoptiker war es Freitag, der 15. Nisan, und Jesus wäre entgegen den Plänen der Jerusalemer Oberen „am Fest" (14,2) getötet worden. Für das Johannesevangelium war dieser Freitag der 14. Nisan, und Jesus wäre am Vortag des Festes in der Zeit zum Tode verurteilt worden, als die Passalämmer geschlachtet wurden (J 19,14). Es ist möglich, daß dieser Tag in den Jahren 30 und 33 auf einen Freitag gefallen ist.[78] Sollte dagegen Markus recht haben, könnte aber auf Grund anderer Berechnungen auch der 15. Nisan in den Jahren 31 oder 34[79] auf einen Freitag gefallen und damit einer dieser Tage der Todestag Jesu sein. Letzteres Datum ließe sich wie das Jahr 33 vermutlich eher mit dem der Verhaftung und Hinrichtung Johannes' des Täufers (1,14; 6,14-29) synchronisieren (s. o. S. 32f.). Auffällig ist, daß in der Literatur dem kaum weiter nachgegangen wird, wie sich das mutmaßliche Datum des Todestages Jesu mit den gleichfalls nur zu vermu-

---

[78] So *Willibald Bösen*: Der letzte Tag des Jesus von Nazaret. 2. Aufl. Freiburg 1994. S. 85-87; *Robert Jewett*: Chronologie. III. Neues Testament. In: RGG. 4. Aufl. Bd. 2. Tübingen 1999. Sp. 355f., dort Sp. 355: 3. April 33.

[79] *K. Schoch*: Christi Kreuzigung am 14. Nisan. Bib 9 (1928) S. 48-56, dort S. 53-56; s. auch *Ekkehard W[ilhelm] Stegemann*: Jesus. In: DNP. Bd. 5. Stuttgart 2003/2012. Sp. 910-922, dort Sp. 920.

tenden Daten der Gefangennahme und Hinrichtung Johannes' des Täufers in Übereinstimmung bringen läßt. Mir scheint einiges dafür zu sprechen, daß in diesem Zusammenhang eher von einem späteren Datum des Todes Jesu auszugehen ist als dem Jahr 30 und schon gar nicht von einem noch früheren Datum[80].

Alle Datierungen hängen letztlich ab von der Bedeckung des Himmels am Tag des Neulichts, der ersten Sichtbarkeit der schmalen Sichel des zunehmenden Mondes. Denn dieser Tag, der erste Tag eines neuen Monats im jüdischen Kalender, wurde nicht mit Hilfe kalendarischer Berechnungen festgelegt, sondern auf Grund der Sichtbarkeit des Neulichts. War der Himmel am astronomisch berechneten Tag des Monatsanfangs bedeckt, gar auch noch am Tag danach, konnte dies zur Verschiebung des Monatsanfangs um bis zu zwei Tage führen. Die aktuellen Wetterbedingungen der damaligen Zeit sind uns leider gänzlich unbekannt. Es kann jedoch, wie ich es 1981 in Jerusalem erlebt habe, auch noch Mitte April sehr heftig regnen und der Himmel entsprechend bedeckt sein[81]. Also lassen sich trotz unterschiedlicher Überlieferungen sowohl die markinische als auch die johanneische Chronologie ebenso auf dasselbe Jahr wie auf zwei verschiedene

---

80 Den Versuch von *Walter Hinz*: Chronologie des Lebens Jesu. ZDMG 139 (1989) S. 301-309, dort S. 309, den Tod Jesu auf den 4. Mai 28 zu datieren, halte ich daher für abwegig.

81 *Othmar Keel; Max Küchler; Christoph Uehlinger*: Orte und Landschaften der Bibel. Ein Handbuch und Studien-Reiseführer zum Heiligen Land. Bd. 1. Geographisch-geschichtliche Landeskunde. Mit Beiträgen von Urs Staub. Göttingen 1984. S. 41-44. = OLB. Bd. I.

Jahre beziehen.[82] Das relativiert alle vorgeschlagenen Datierungen des Todestages Jesu, die von unserem heutigen Kalender ausgehen, zumal die auf den Kalendertag genauen, gleich ob man der markinischen oder der johanneischen Chronologie den Vorzug gibt. Daher ist es keineswegs „sicher", daß der 14. Nisan in den Jahren 30 und 33 auf einen Freitag fiel[83], sondern nur möglich. Jeder Datierungsversuch ist ohnehin wegen des sehr komplexen jüdischen Kalenders[84] nicht mehr als eine Vermutung, und letztlich ist das Jahr 36/37, in dem Pilatus von Vitellius nach Rom geschickt wurde (s. o. S. 18), *terminus ad quem*. Außerdem bleibt offen, auf welchen Kalender sich die Berechnungen beziehen, ob auf den für die damalige Zeit geltenden julianischen oder auf unseren heutigen gregorianischen. Dennoch liefern uns die Kapitel 14 bis 16 eine brauchbare relative Chronologie.

Blicken wir auf 2,23 und 6,39 zurück, dürfte das von Markus Berichtete – vorausgesetzt, Jesu Wirken begann im Jahr 27/28 oder 28/29 (s. o. S. 32f.) – eine Spanne von gut einem Jahr oder auch zwei Jahren, ja sogar drei oder mehr Jahren vor diesem Tag umfas-

---

82 S. *Eduard Schweitzer*: Jesus Christus I. Neues Testament. In: TRE. Bd. XVI. Berlin 1987. S. 670-726, dort S. 711; *Jürgen Becker*: Jesus von Nazaret. Berlin 1995. S. 27, Anm. 12; vgl. auch *Joachim Gnilka*: Jesus von Nazaret. Botschaft und Geschichte. Freiburg 1990. S. 316. = HThK.S. Bd. III.
83 So *Rainer Riesner*: Fixpunkte. S. 215.
84 S. *Lutz Doering*: Kalender. In: Neues Lexikon des Judentums. Hg. v. Julius H. Schoeps. Gütersloh 2000. S. 443-445; *August Strobel*: Zeitrechnung. In: BHH. Bd. 3. Göttingen 1966. Sp. 2211-2228, bes. Sp. 2219-2221.

sen.[85] Eine schlüssige Lösung des Problems bieten weder Markus noch die beiden anderen Synoptiker. Entweder war der Evangelist nicht daran interessiert, die Zeit, von der er in seinem Evangelium erzählt, genauer einzugrenzen (s. o. S. 35) oder (und?) ihm fehlten hinreichend zuverlässige Daten – wie übrigens auch den beiden Seitenreferenten. „Das Äußerste, was man sagen kann, ist, daß die Darstellung des Markus-Evangeliums in seiner vorliegenden Form nur einen kurzen Zeitraum umfaßt"[86] – doch man bedenke, auch Kürze ist relativ. Das gilt, was die genaue Dauer des Wirkens Jesu und dessen Todestag angeht, letztlich ebenso für das Johannesevangelium.

---

85 S. *Detlev Dormeyer*: Markusevangelium. S. 164.
86 *James M[cConkey] Robinson*: Geschichte seit dem Jahr 30 n. Chr. im Markus-Evangelium. In: WdF. Bd. 411. S. 113-140, dort S. 118f.

2.1.2 Zeitadverbien

Neben den temporalen Adverbialbestimmungen und Temporalsätzen gibt es im Markusevangelium noch einige Zeitadverbien. Sie sind hier in der Reihenfolge aufgeführt, in der sie erstmals im Evangelium vorkommen. Das häufigste ist εὐθύς, der zum Adverb gewordene Nominativ Singular des Maskulinums von εὐθύς (1,28.43; 3,6; 4,15. 16.17.29; 5,2.42a; 6,25.50.54; 7,25; 9,20.24; 14,45), jedoch meistens in der Zusammensetzung καὶ εὐθύς (1,10.12.18.20.21.23.29.30.42; 2,8.12; 4,5; 5,29.30.42b; 6,27.45; 8,10; 9,15; 10,52; 11,2.3; 14,43.72; 15,1). Nur einmal kommt – textkritisch umstritten – das eigentliche Adverb als καὶ εὐθέως vor (7,35). Letztlich ist es unerheblich, ob Markus ursprünglich εὐθύς oder εὐθέως geschrieben hat, da beide Formen bedeutungsgleich sind. Dieses Zeitadverb dient in 1,12.21.23.28.29; 3,6; 6,45.54; 7,25; 8,10; 9,15; 14,43 und 15,1 zur Verknüpfung von Episoden – verstanden als kleinste Erzähleinheiten –, Basisberichten oder Zäsurversen mit dem jeweils Vorhergehenden. Es zeigt hier in der Regel anders als etwa im antiken Roman[87] in einer abgeschwächten Bedeutung weniger ein rasches Nacheinander oder „die Schnelligkeit der Erzählung"[88] an als vielmehr sowohl in verbindender als auch in nach vorn drängender Funktion eine zeitliche Abfolge. Eine angemessene Übersetzung ist in diesen Fällen etwa ein „alsbald" oder „danach". In

---

[87] Michail M[ichailowitsch] Bachtin: Chronotopos. Mit einem Nachwort von Michael C. Frank u. Kirsten Mahlke. 3. Aufl. Berlin 2014. S. 19. = stw 1879.
[88] So *Eve-Marie Becker*: Konstruktion. S. 275.

1,10.18.20; 2,8; 5,2.42b; 6,25.27.50; 14,45 finden wir εὐθύς innerhalb einer Episode, wo es auf einen schnellen Szenenwechsel aufmerksam macht, oder es dient wie in 1,30.42.43; 2,12; 4,5.15.16.17.29; 5,29.30.42a; 7,25; 9,20.24; 10,52; 11,2.3; 14,72 zugleich der dramatischen Zuspitzung, indem es auf ein unmittelbares Nacheinander der Ereignisse hinweist.

Manchmal unterbricht Markus seinen vorwärts drängenden Bericht durch eine die Zeit gleichsam dehnende, kunstvolle „Verschachtelung" von Ereignissen, seien sie gleichzeitig oder ungleichzeitig, so in 3,20f.[22 bis 30].31-35; 4,1-9.[10-25].26-32.[33f.]; 5,21-24.[25-34].35 bis 43; 6,7-13.[14-16.{17-29}].30; 11,12-14.[15-19].20 bis 25; 14,1f.[3-9].10f.; 14,54.[55-65].66-72 oder 15,2 - 5.[6-15a].15b und besonders kunstvoll in 14,32.[33f.{35f.}.37f.{39}.40.41f.].43.

Auch πάλιν - „wieder", nach εὐθύς zweithäufigstes Zeitadverb und wie dieses öfter mit καί verbunden - hat verbindende Funktion. Es verweist auf ein - zuweilen bereits weiter - zurückliegendes Ereignis und ordnet damit als retardierendes Element das jeweils gegenwärtige Geschehen in ein zuverlässiges, allerdings nur relatives Zeitgerüst ein: 2,1 (1,21). 13 (1,16); 3,1 (1,21.39). 20 (2,13); 4,1 (2,13); 5,21 (5,1; kann hier jedoch auch „zurück" bedeuten); 7,14 (3,20.23); 7,31 (5,21; ähnlich wie 5,1)); 8,1 (6,34). 13 (6,45). 25 (8,23); 10,1a (2,13; 3,20; 4,1). 1b (6,34). 10 (9,28). 24 (10,23). 32 (9,30f.); 11,27 (11,11); 12,4 (12,2); 14,39 (14,35). 40 (14,37; s. zu 5,21). 61 (14,60). 69 (14,67). 70a (14,68). 70b (14,70a); 15,4 (15,2). 12 (15,9). 13 (15,8-11). Wie εὐθύς verwendet Markus πάλιν häufiger in einer Episodeneinleitung (2,1.13; 3,1.20; 4,1; 7,31; 8,1; 10,1a.10.32; 11,27). Es kann auch einen Szenenwechsel oder neuen

Gesprächsgang andeuten (7,14; 10,1b.24; 14,61) oder hat einfach nur wiederholende Funktion, die zugleich der Dramatisierung des Geschehens dient (8,25; 10,1b; 11,3; 12,4; 14,39.69.70^{bis}; 15,4.12.13).

Schließlich sei noch darauf hingewiesen, daß es hin und wieder in der Erzählung selbst Rückverweise auf zuvor Berichtetes gibt, so etwa in 6,1 (1,9). 14 u. 17-29 (1,4-8.9.14). 52 (6,35-44); 8,17 (8,1-9). 19 (6,35-44). 20 (8,1-9); 9,8 (1,11). 28 (9,17-27); 14,72 (14,30); 16,7 (14,28).

Bei den wenigen Zeitadverbien oder vergleichbaren adverbialen Bestimmungen, die Markus sonst noch gebraucht, weicht er nicht vom üblichen Gebrauch ab: πρωὶ ἔννυχα λίαν („in der Frühe, als es noch ganz dunkel war", 1,35), ὀλίγον („ein wenig", 6,31), ὀψέ („spät", 11,19), πρωΐ („früh", „in der Frühe", 11,20; 15,1), καθ' ἡμέραν („Tag für Tag", 14,49), μετὰ μικρόν („nach kurzer Zeit", 14,70), λίαν πρωΐ („sehr früh", „in aller Frühe", 16,2). Fast alle wurden schon bei den temporalen Adverbialbestimmungen erwähnt. Sie haben ihren „Sitz im Leben" zumeist in der jeweiligen Episode. Τότε kommt, anders als vor allem im Matthäus- sowie ab und an im Lukas- und Johannesevangelium, nur in Reden Jesu vor (2,20; 3,27; 13,14.21.26f.).

Dank εὐθύς und πάλιν sowie den obengenannten Rückverweisen gelingt es Markus, über das Evangelium ein dichtes Netz von vorweisenden und auf schon in der Vergangenheit Geschehenes oder Gesagtes zurückweisenden und somit verknüpfenden Zeitangaben auszubreiten. Er zeigt so das Nach- und Miteinander der einzelnen Ereignisse auf und setzt sie zueinander in Beziehung. Bleibt auch die chronologische Struktur – abgesehen von den Kapiteln 14 bis 16 und eingeschränkt von den Kapiteln 11 bis 13 – weiterhin ziemlich unbestimmt, so bekommt der Zeitablauf durch diese beiden verknüpfenden Adverbien trotz der retardierend wirkenden Verschachtelungen und Rückverweise innerhalb der Erzählung etwas auf ein Ziel hin vorwärts Drängendes, das zugleich auch immer wieder Vergangenes vergegenwärtigt. Es fällt auf, daß solche Verknüpfungen und Verweisungen in den dem Ende bzw. der Zukunft zugewandten Kapiteln 13 und 16 nicht vorkommen: εὐθύς und πάλιν fehlen von 11,4 bis 14,42 bzw. 12,5 bis 14,38, ebenso von 15,2 bzw. 15,14 bis zum Schluß des Evangeliums. Der Evangelist kann hier auf πάλιν und zumal auf εὐθύς verzichten, weil er beide Adverbien nicht braucht, um den Fortgang und damit die sich steigernde Dramatik des Geschehens zu schildern, aber auch, weil es in diesen Kapiteln nur in 14,72 und 16,7 Rückbindungen an schon Berichtetes gibt.

2.2 Der Zeitablauf im Markusevangelium

Trotz der vielen verschiedenen zeitlichen Verknüpfungen umfaßt das Evangelium nur einen relativ kurzen Abschnitt auf einer linearen Zeitleiste (vgl. 2,23; 6,39; 14,1.12 u. o. S. 47f.) und ist zur Vergangenheit hin offen (1,9: *„Und es geschah in jenen Tagen, daß Jesus aus Nazaret in Galiläa kam"*); das gilt in gleicher Weise für die Zukunft (16,7: *„Geht aber, sagt seinen Jüngern und Petrus, daß er euch vorausgeht nach Galiläa"*): Was davor und was danach geschah, gehört nach Markus nicht zum „Evangelium Jesu Christi"[89] (1,1), gleich wie „Jesu Christi" hier zu verstehen ist, ob als Genitivus subiectivus oder obiectivus. Das Evangelium nimmt seinen Anfang erst bei der Taufe Jesu und seiner Begabung mit dem Geist Gottes (1,9-11), die als eine allein Jesus vorbehaltene Vision geschildert ist – und nicht wie die anderen Evangelien etwa mit der Zeugung oder Geburt[90], der Vorgeschichte Johannes des Täufers (L 1,5-80), mit einem Stammbaum, der auf Abraham (Mt 1,1-16) oder über Adam auf Gott (L 3,23-38) zurückgeht, oder gar mit der Schöpfung (J 1,1f.) –, und es endet schon mit der Nichtanwesenheit des Gekreuzigten im Grab und der Flucht der drei Frauen. Beides

---

89 So mit ℵ* Θ 28. *l* 2211 sa^ms; Or (Cels. II 4; Jo. VI 24). Den Zusatz υἱοῦ θεοῦ hätte vermutlich kein Schreiber ausgelassen, sollte er in seiner Vorlage gestanden haben, wohl aber ihn *ad maiorem Iesu Christi gloriam* hinzugefügt. S. Adela Yarbro Collins: Establishing the Text: Mark 1:1. In: Texts and Contexts. Essays in Honour of Lars Hartmann. Ed. by Tord Fornberg and David Helmholm. Oslo 1995. S. 111-127, dort S. 125; s. auch u. S. 138, Anm. 267.

90 Das Evangelium des Markus umfaßt damit anders als die der beiden Seitenreferenten nicht die ganze Lebenszeit Jesu als „metahistorische" Vorgabe.

scheint weniger an der Begrenztheit des Stoffes zu liegen, über den Markus verfügte, als vielmehr wohldurchdachten, theologischen Überlegungen des Evangelisten zu entspringen (s. u. S. 140-150). Doch wie steht es mit der zeitlichen Abfolge dessen, was sich zwischen Taufe und leerem Grab ereignete? Für diesen Zeitraum läßt sich weithin mit Hilfe der vorhandenen – oder eben auch nicht vorhandenen – Zeitangaben nicht erklären, warum der Evangelist in den Kapiteln 1 bis 10 etwa das, was er 3,1-5; 5,21-24.(25-34.)35-43; 9,14 bis 27 oder 10,13-31 berichtet, gerade in dieser und keiner anderen Reihenfolge seiner Erzählung eingefügt hat, denn nirgendwo gibt es eine feste chronologische Einbindung. Das gilt ebenso für die meisten anderen Episoden in den ersten zehn Kapiteln.

Eine sinnvolle, zeitlich geordnete Gliederung außer einem Nacheinander des Geschilderten ist mit den markinischen Zeitangaben nicht darstellbar[91], auch wenn der Evangelist sie, soweit möglich, neben ihrer Unabdingbarkeit für die Episode, der sie zugehören, zur Strukturierung und zumal der Dramatisierung des Geschehensablaufs benutzt. Die genannten Tage, Tageszeiten und Stunden verbinden sich wie im antiken Roman nicht zu einer realen Zeitreihe.[92] Darum lassen diese Kapitel keine chronographische Strukturierung erkennen.[93] Anders verhält es sich nur in den Kapiteln 11 bis 13 und 14 bis 16, wo die Kapitel 11 bis 13 eine straffe, chronologische Abfolge von drei Tagen haben,

---

91 Vgl. dazu die Aufstellung in: *Gert Lüderitz*: Rhetorik. S. 193f.; *Ludger Schenke*: Markusevangelium. S. 60, meint, ein Interesse an einer chronologischen Aufstellung sei „nirgends zu spüren".
92 S. *Michail M. Bachtin*: Chronotopos. S. 18.
93 Gegen *Eve-Marie Becker*: Konstruktion. S. 262 u. 273.

die sich kalendarisch nicht genau einordnen lassen, und die Kapitel 14 bis 16 eine ebenso straffe, chronologische Abfolge von fünf Tagen innerhalb des Monats Nisan, ohne daß sich zuverlässig das Jahr ermitteln läßt, dem dieser Nisan zuzuordnen ist.

Als Ergebnis bleibt, daß das Markusevangelium keinerlei verläßliche absolute Daten enthält, sondern nur relative, daß Jesus wahrscheinlich 27/28 oder 28/29 von Johannes dem Täufer getauft wurde, nach dessen Verhaftung mit der Verkündigung des „Evangeliums Gottes" begann und in der Zeit, in der er wandernd verkündigte, Johannes hingerichtet wurde[94]. Nach einem Wirken von wohl nur verhältnismäßig kurzer Dauer, jedoch unbestimmter Länge, wurde er, während Pilatus *praefectus* war, vermutlich nicht später als 34, an einem 15. Nisan, an einem Freitag – so Markus – gekreuzigt.[95]

Auch wenn Markus für die Menschen schreibt, denen er sich zugehörig fühlt, spricht die Tatsache, daß er keine absoluten Jahreszahlen nennt, dafür, daß er kein Zeitgenosse, gar Augenzeuge der von ihm berichteten Ereignisse gewesen sein dürfte, wie der Evangelist ja gleichfalls nicht – anders als Lukas in den Wir-Berichten seiner Apostelgeschichte (Act 27f.) – vorgibt, irgendwo dabei gewesen zu sein.[96] Das spricht gegen eine Frühdatierung des Evangeliums. Er beruft sich aber auch nicht auf unbekannte und nicht benannte Gewährsleute wie Lukas (L 1,1f.) oder Papias (s. o. S. 20f.).

---

94 Dazu s. *Edmondo Lupieri*: Johannes der Täufer. Sp. 514.
95 Vgl. *Dirk Frickenschmidt*: Evangelium. S. 372.
96 S. *Reinhart Koselleck*: Sprachwandel. S. 48-52.

3. Das Raumgefüge

3.1 Die Darstellungsmittel des Markus

Welche Rolle spielt nun bei Markus das Gefüge der topographischen und geographischen Angaben? Etliche Ortsnamen und Ortsangaben verschiedenster Art zeigen auf, daß und wie Markus sich die Wege Jesu zwischen Taufe und Tod am Kreuz vorgestellt hat, über die er in seinem Evangelium berichtet. Angesichts dessen wird diese Frage zumindest insoweit zu bejahen sein, daß dem Evangelisten das Nach- und Zueinander der Orte und Örtlichkeiten, also deren topologische Beziehungen[97], nicht gleichgültig gewesen sein dürften. Mithin ist zu klären, ob die von Markus gebrauchten und in einer bestimmten Abfolge angeordneten lokalen Adverbialbestimmungen und Ortsadverbien ein für die Leser seines Evangeliums verständliches und zugleich sinnvolles Itinerar des markinischen Jesus erkennen lassen – oder ob sich alles eher planlos dem Zufall verdankt, wie Papias nahelegt (s. o. S. 20f.).

Für dieses Itinerar Jesu bleiben aus naheliegenden Gründen unberücksichtigt die in 1,5; 1,28; 3,7f. genannten Territorien sowie die Erwähnung Jerusalems in 3,22 und 7,1, ebenso die Herkunftsbezeichnungen „von Kyrene" (15,21), „aus Magdala" (15,40.47; 16,1) und „aus Arimatäa" (15,43). Mit *„Jerusalem"* in 3,22 und 7,1 als dem Ort, aus dem die Schriftgelehrten bzw. die Pharisäer und Schriftgelehrten kommen, läßt der Evangelist schon früh aufscheinen, daß diese Stadt der

---

[97] S. *Stephan Günzel*: Turn. S. 224-230.

Ausgangsort der Gegner Jesu ist – und der Ort seiner Passion und seines Todes sein wird.

Bei den deutlich konkurrierenden Angaben in 1,5 und 3,7f. handelt es sich um die Herkunft der Menschen, die zu Johannes dem Täufer bzw. Jesus kamen. Zu Johannes kamen nur *„das ganze jüdische Land und alle Bewohner Jerusalems"*. Jesus aber, dessen Ruf sich anfangs bloß *„im ganzen Umland, nämlich in Galiläa"* (1,28; anders Mt 4,24a: „Syrien") verbreitete, ging mit seinen Jüngern ans Meer und *„viel Volk aus Galiläa folgte und aus Judäa und aus Jerusalem und aus Idumäa und jenseits des Jordans* (alles Territorien, die zur römischen Provinz Iudaea gehörten) *und der Umgebung von Tyrus und Sidon, viel Volk ... kam zu ihm"* (3,7f.). Zu Johannes kamen die Bewohner des jüdischen Kernlandes, zu Jesus zudem die Menschen aus Galiläa, dem erst nach 128 v. Chr. von Johannes Hyrkanus I. zwangsweise judaisierten Idumäa, aus dem transjordanischen, seit 40 v. Chr. zum Reich des Herodes gehörenden Peräa, ja sogar aus dem Gebiet von Tyrus und Sidon, dem überwiegend heidnischen Syrophönizien. Allein durch seine Aufzählung stellt der Evangelist klar, wer von beiden der Stärkere (1,7) war. Der Bereich, aus dem die Menschen zu Jesus kommen, entspricht ungefähr dem Reich Herodes des Großen, ohne Samaria, jedoch erweitert um das Gebiet von Tyrus und Sidon, das südliche Syrophönizien.

Auffällig ist, daß sich das markinische Itinerar Jesu nicht mit der Liste in 3,7f. deckt: Im Itinerar fehlt Idumäa und in der Aufzählung von 3,7f. wird die Dekapolis nicht genannt, obwohl auch dort wie im „Gebiet von Tyrus und Sidon" Juden lebten. Ähnlich verhält es sich bei Matthäus (Mt 4,25): Er erwähnt die Dekapolis, läßt aber aus der Liste des Markus Idumäa sowie Tyrus und Sidon aus; letztere begegnen jedoch im Itinerar (Mt 15,21). Lukas hingegen (L 6,17) erwähnt in der Einleitung der Feldrede nur, daß „eine große Menge Volkes aus dem ganzen jüdischen Land und aus Jerusalem" (vgl. 1,5!) gekommen sei – „und aus dem Küstenstrich von Tyros und Sidon". Beide Orte tauchen aber im lukanischen Itinerar Jesu nicht auf.

Alle sonst im Evangelium erwähnten Namen von Territorien und Orten gehören zum Itinerar des markinischen Jesus. Doch wie lassen sich diese Ortsangaben in die historisch-topographischen Gegebenheiten der Jahre 27/28 bis etwa 34 einordnen? Es geht um die Zuordnung der Territorien, die Markus erwähnt, zueinander und der Orte, deren Namen in seinem Evangelium begegnen, zu diesen Territorien: Entspricht die „kognitive Karte" (s. o. S. 23) des Evangelisten den damaligen historisch-topographischen Verhältnissen? Und es geht auch darum, ob die Verknüpfung von Ereignissen durch Ortswechsel innerhalb des von Markus abgesteckten Rahmens topographisch gesehen möglich ist und daher auch nicht „unsinnig", „gegensätzlich" oder gar „widersprüchlich" sein kann (s. o. S. 21-23).

Die Frage nach der topographischen Zuordnung der Territorien und Orte ist leicht zu beantworten: Es gibt im Markusevangelium kein Anzeichen, daß dem Evangelisten die Lage eines Territoriums unbekannt gewesen wäre. Es gibt auch keinen Hinweis, daß er einen Ort, dessen Lage uns bekannt ist, einem anderen Territorium als dem richtigen zugeordnet hat. Es sei aber daran erinnert, daß uns zeitgenössische Quellen und archäologische Befunde nicht immer die genaue Lage von Orten, die Markus erwähnt, überliefern (s. u. S. 82f., 90f., 97, 108).

Bleibt noch die Frage, ob sich der Wechsel von Ort zu Ort oder das Itinerar der Wege Jesu, wie es Markus in seinem Evangelium zeichnet, topologisch sinnvoll in den territorialen Rahmen einfügt. Um diese Frage zu klären, gilt es, den entsprechenden topographischen Angaben des Evangeliums nachzugehen und sie von ihrem – nicht zuletzt auch historisch-topographischen – Kontext her zu interpretieren.

3.1.1 Lokale Adverbialbestimmungen

Das Markusevangelium beginnt in 1,2f. mit dem Mischzitat aus Ml 3,1, Ex 23,20 und Is 40,3 sowie dem Auftreten Johannes des Täufers, des „*Weg*"-Bereiters (1,2f.), „*in der Wüste*" (1,3.4) am „*Jordan*" (1,5). Wo genau sich dies ereignete, ist nicht zu ermitteln, jedoch wird damit „das Evangelium Jesu Christi ... im Alten Testament und [in] dem letzten Propheten, Johannes dem Täufer, verankert", wie Peter Dschulnigg schreibt.[98] Irgendwann war unter denen, die sich von Johannes „*im Jordan*" taufen ließen, auch Jesus „*aus Nazaret in Galiläa*" (1,9). Nach der Taufe trieb der Geist Jesus „*in die Wüste*" (1,12[99]). Von dort begab er sich nach der Gefangennahme des Täufers (s. o. S. 32f.) nach „*Galiläa*" (1,14), um das „Evangelium Gottes" zu verkünden. „Am

---

98 *Peter Dschulnigg*: Markusevangelium. S. 59.
99 Nur hier und in 1,13 bedeutet ἔρημος, 1,3f. aufnehmend, „Wüste", die im Jordantal irgendwo zwischen der Einmündung des Jabbok und dem Toten Meer zu suchen wäre (vgl. *Yohanan Aharoni*: Das Land der Bibel. Eine historische Geographie. Neukirchen 1984. S. 34f. mit Karte 3). In 1,35.(45); 6,31f. dürfte dagegen mit ἔρημος τόπος – „Einöde" bzw. „einsamer Ort" – weniger eine topographische Gegebenheit als vielmehr ein „theologischer" Ort gemeint sein, ein Ort des Rückzugs Jesu, sei es allein oder mit den Jüngern (auf einen konkreten Ort bezieht sich τόπος nur in 15,22[bis] und 16,6). Entsprechendes gilt auch für „Berg" in 3,13; 6,46; 9,2.9; vgl. dazu *Walter Bauer*: Wörterbuch. Sp. 1179, zu ὄρος. Es ist jedoch mehr als fraglich, ob es sich in 1,35.(45); 6,31f. bzw. 3,13; 6,46 jeweils um denselben Schauplatz gehandelt haben dürfte, wie *Bärbel Bosenius*: Raum. S. 170 u. 191, annimmt.

Galiläischen See" entlang gehend (1,16)[100], berief Jesus die ersten vier Jünger. Mit ihnen kam er nach *„Kafarnaum",* deren Wohnort, und lehrte dort am Sabbat *„in der Synagoge"* (1,21). Nach der Heilung eines von einem Dämon Besessenen, der Jesus *„Nazarener"* nannte (1,24), war *„das Haus von Simon und Andreas"* das nächste Ziel (1,29), wo er die Schwiegermutter Simons (1,30f.)[101] und viele Kranke und Besessene heilte (1,32). Frühmorgens ging er *„an einen einsamen Ort"* (1,35)[102]. Mit seinen vier Jüngern begab er sich dann *„in die benachbarten Marktflecken"* (1,38), denen sich keine Ortsnamen zuordnen lassen, und verkündigte *„in ihren Synagogen in ganz Galiläa"* (1,39) sowie an *„einsamen Orten"* (1,45).

Die von Markus in 1,38 für einige Orte gebrauchte Bezeichnung κωμόπολις ist sonst offenbar in der zeitgenössischen Literatur nur noch in Strabos Geographika (12.2.6 u. a.) belegt und bezeichnet einen Marktflecken, einen grö-

---

[100] *Bärbel Bosenius*: Raum. S. 122, bringt hier einen Kai ins Spiel, von dem aber keineswegs gewiß ist, daß es ihn zur Zeit des Markus, geschweige denn der Zeit Jesu, schon gegeben habe (s. *Rainer Riesner*: Heptapegon und Kapernaum – Zwei byzantinische Pilgerstätten am See Gennesaret. In: Leben. S. 173-180, dort S. 179).

[101] Es ist jedoch unsicher, ob aus dem Imperfekt διηκόνει zu schließen ist, daß sie nun ständig Jesus und den Jüngern diente, wie *Bärbel Bosenius*: Raum S. 274f., meint, oder ob es sich eher nur auf diesen einen Tag bezieht.

[102] Wie weit diese Örtlichkeit von Kafarnaum entfernt war, ist dem Text nicht zu entnehmen. Ein „abgelegener Ort" in der „direkten Umgebung Kapernaums", der „vom Rezipienten aufgrund von impliziten Textindizien" dort verortet werden kann? – so *Bärbel Bosenius*: Raum. S. 123. Das scheint mir etwas gewagt zu sein, zumal die Last eines ganzen Konstrukts darauf liegt. Das gilt entsprechend auch für „den Berg" in 3,13 und 6,46 (s. o. Anm. 99).

ßeren Ort ohne Stadtrecht. Betrachtet man den Sprachgebrauch des Evangelisten, wenn es um die Bezeichnung von Orten geht, so verwendet er außer κωμόπολις (1x) noch πόλις (7x), κώμη (7x) und ἀγρος (3x), ohne letztlich genau differenziert und definiert zwischen ihnen zu unterscheiden. Sicher ist aber, daß er πόλις und κωμόπολις unpolitisch gebraucht[103] und die ländlichen Siedlungen leicht überwiegen.

Es dürfte daher müßig sein, Spekulationen anzustellen, wie es Bärbel Bosenius tut[104], welche Ortslagen Markus etwa mit κωμοπόλεις gemeint haben könnte, ob hier vielleicht Tiberias oder Magdala im Blick seien. Ihm standen – nicht nur an dieser Stelle – auf seiner „kognitiven Karte" keine Ortsnamen zur Verfügung, gleich aus welchen Gründen. Zudem geht es hier nicht darum, ob Jesus diese Orte besucht haben könnte[105], sondern ob sie im markinischen Itinerar der Wege Jesu auftauchen – was sie eben nicht tun. Darum treffen die von Bärbel Bosenius gezogenen Schlußfolgerungen nicht zu[106], daß Markus es absichtlich vermieden habe, diese Städte in seinem Evangelium zu erwähnen.[107]

Nach einer unbestimmten Zeit kam er wieder *„nach Kafarnaum"*, wo sich herumsprach, daß er *„im Hause"*, d. h. *„zu Hause"* war (2,1; so auch 9,33)[108]: Nach Markus hatte Jesus inzwischen in Kafarnaum das, was wir heute einen „festen Wohnsitz" nennen (vgl. 3,20; 7,17;

---

103 S. *Hermann Strathmann*: πόλις κτλ. In: ThWB. Bd. VI. S. 516-535, dort S. 528-530.
104 *Bärbel Bosenius*: Raum. S. 172-184.
105 So *Bärbel Bosenius*: Raum. S. 183f.
106 *Bärbel Bosenius*: Raum. S. 184.
107 Das gilt *mutatis mutandis* auch für ihre Ausführungen a.a.O. S. 214-225.
108 S. *Peter Weigandt*: οἶκος. In: EWNT. Bd. II. Stuttgart 1981. Sp. 1222 bis 1229, dort Sp. 1224f.

9,33), gleich ob in einem eigenen Haus oder etwa dem Simons.[109] Nach der Heilung eines Gelähmten schickte er ihn *„nach Hause"* (2,11; ebenso 3,20; 5,19; 7,17.30; 8,3.26; 9,28) und begab sich *„an den See"* (2,13). Er lehrte dort, hieß Levi, der, vermutlich in Kafarnaum, *„am Zollhaus"* (2,14) saß, ihm nachzufolgen, und ließ sich in *„seinem Haus"* – hier ist eher Levis Haus als das Jesu gemeint (s. o. Anm. 109) – zum Essen nieder (2,15f.)[110]. Am Sabbat ging er mit seinen Jüngern *„durch die Saaten"* (2,23) und dann *„in die Synagoge"* (3,1), wohl in Kafarnaum, wo er einen Kranken heilte.

Jesus zog sich *„an den See"* zurück (3,7). Dort strömten die Massen zu ihm. Er ließ sich einen *„Kahn"* bereitstellen (3,9), heilte viele Menschen, trieb Dämonen aus. Dann stieg er *„auf den Berg"* (3,13), wo er die Zwölf berief. Wie beim *„einsamen Ort"* bleibt unbekannt, wo genau dieser Berg zu verorten ist (vgl. o. Anm. 99), zumal bergiges Gelände das ganze Westufer

---

109 Die Frage, ob es sich hier um ein Haus Jesu handelt oder das Haus von Simon und Andreas (so *Bärbel Bosenius*: Raum. S. 136), das dann Jesus gleichsam zur Verfügung gestellt worden wäre, ist aus dem Kontext heraus nicht zu klären. Die Entscheidung, hier dem Haus von Simon und Andreas den Vorzug zu geben, weil bisher kein anderes Haus in Kafarnaum erwähnt worden sei, wird durch 2,15 konterkariert: Das letzte Subjekt in 2,14b ist Levi. Da in 2,15 kein neues genannt wird, dürften sich αὐτόν wie αὐτοῦ auf eben dieses beziehen, also auf Levi (wie in L 5,29); zudem wird Jesus in 2,15a erneut genannt, was nicht notwendig wäre, wenn Jesus in 2,14b das letzte genannte Subjekt wäre. Auch dieses Haus hätte Markus also vorher nicht erwähnt.

110 Zu Mahlzeiten in Häusern ist nicht Jesus der Einladende, sondern der zum Essen Kommende oder sich selbst Einladende (2,15; 14,3; L 5,29; 7,36; 14,1; 19,5f.; anders *Bärbel Bosenius*: Raum. S. 137 u. bes. 277-283).

des Sees begleitet[111]. Er kam *„nach Hause"* (3,20), wo sich abermals das Volk sammelte; es folgte eine heftige Auseinandersetzung mit Schriftgelehrten und der eigenen Familie. Danach lehrte er wieder *„am See"*, stieg in das 3,9 erbetene Gefährt, das nun jedoch statt eines *„Kahns"* ein richtiges Fischer-*„Boot"* war (4,1)[112], und hielt von dort die Gleichnisrede. Zweimal ging es in dieser Rede um den Sinn der Gleichnisse, die die unverständigen Jünger nicht begriffen: Einmal fragten sie, als er *„allein"* war, nach deren Bedeutung (4,10), das andere Mal heißt es, daß er ihnen, wenn sie *„für sich"* waren, die Gleichnisse zu erklären pflegte (Imperfekt!) (4,34). Ein Blick auf 1,14 bis 4,34 zeigt: Hier spiegelt sich die topographische und geographische Realität Galiläas im 1. Jahrhundert n. Chr. wider – und keine Phantasielandkarte (s. o. S. 150f.).

---

111 S. *Gustaf Dalman*: Orte und Wege Jesu. 4., überprüfte u. erg. Aufl. Gütersloh 1924. S. 166f.; *Yehuda Karmon*: Israel. Eine geographische Landeskunde. Darmstadt 1983. S. 134. = Wissenschaftliche Länderkunden. Bd. 22.

112 Vgl. dazu *Jürgen Zangenberg*: Magdala – Reich an Fisch und reich durch Fisch. In: Gabriele Faßbeck; Sandra Fortner; Andrea Rottloff; Jürgen Zangenberg (Hg.): Leben am See Gennesaret. Kulturgeschichtliche Entdeckungen in einer biblischen Region. Mainz 2003. S. 93-98, dort S. 97, u. *Orna Cohen*: ... ein Schiff wird kommen ... Die Bergung und Restaurierung eines 2000 Jahre alten Bootes am See Gennesaret. In: Leben. S. 147-152.
Im übrigen lohnt es sich manchmal, sich nicht auf die Sekundärliteratur zu verlassen, sondern in die Quellentexte zu schauen: In *Bärbel Bosenius*: Raum. S. 194 Anm. 31, ist der erwähnte Text aus Jos. BJ 2,645 (= II 21,10), wo nur von „leeren Kähnen und sieben Leibwächtern" die Rede ist, gegen 2,635 u. 639 (= II 21,8f.) zu tauschen, wo es auch nicht um 15 *„people"* geht, sondern um vier Mann Besatzung und zehn „sehr angesehene Männer", also um 14 *„people"*.

Mit dem Zäsurvers 4,35 kommt ein neues, bisher nicht erwähntes Territorium ins Blickfeld, *„das jenseitige Ufer"*, das Galiläa gegenüber liegende Ostufer des Sees, wo aber nicht nur Nichtjuden lebten.

Von jetzt an spielt „das Boot" (τὸ πλοῖον) eine wichtige Rolle, gleich ob jedesmal dasselbe gemeint ist oder – wahrscheinlicher – nicht. Das Boot aus 4,1, das in 4,36 wieder begegnet, veranlaßt Bärbel Bosenius[113] zu der Feststellung: „Von Mk 4 an segelt Jesus ständig mit einem Boot über den See Genezareth." Steht eine solche Überfahrt an, dann macht Jesus entweder eine „Segeltour" (a.a.O. S. 196, 208, 218, 260), selbst dann, wenn offenkundig nicht gesegelt, sondern gerudert wird (a.a.O. S. 218 zu 6,45-48), eine „Boots-" oder „Schiffstour" (passim), kurz, Bärbel Bosenius läßt Jesus über den See „touren" oder ihn – wie hier bei dieser Überfahrt – „seinen Ausflug nach Gerasa (Mk 5,1 bis 20)" machen (a.a.O. S. 227).

Bei der Überfahrt in 4,36-38 von einer „Segeltour" oder gar von einem „Ausflug" zu reden, ist angesichts des dort geschilderten, gewaltigen Sturmes schlicht unangemessen, ganz abgesehen davon, daß wir von Markus nicht erfahren, ob je bei einer der sechs Überfahrten Jesu (4,36; 5,21; 6,32.45; 8,10.13), von denen er erzählt, gesegelt wurde. Wörter wie ἱστίον (*„Segel"*), ἁρμενίζω oder ἱστιοδρομέω (*„segeln"*) fehlen jedenfalls bei Markus. Zwar verfügt er, wenn er von einer Fahrt über den See berichtet, über einen reichen Wortschatz (διέρχομαι [4,36], ἔρχομαι [5,1; 6,53; 7,10; 8,22], διαπεράω [5,21; 6,53], προάγω [6,45] und ἀπέρχομαι [6,32; 8,13]), aber nur einmal (6,48) erwähnt er, wie das Boot fortbewegt wurde: nämlich durch Rudern (ἐλαύνειν, vermutlich durch vier Ruderer, so Jos. BJ II 21,8). Das dürfte wegen des Sturmes auch in 4,36-38 der Fall gewesen sein. Eines Ruders und damit eines Steuermanns bedurfte es

---

113 *Bärbel Bosenius*: Raum. S. 341.

beim Rudern dieses Bootes nicht unbedingt, da es sich wie jedes Ruderboot auch allein mit den Riemen steuern läßt. Die Aufgaben des bei Jos. BJ II 21,9 erwähnten κυβερνήτης, des Steuermanns, der in II 21,8 aber fehlt – wie 4,38a, wo Jesus auf dessen Platz schläft –, konnte einer der Ruderer übernehmen (wie etwa der Schlagmann im „Vierer ohne"). Ein Steuermann am Ruder war nur nötig, wenn das Boot gesegelt wurde.

Bis 1986 gab es von den Booten, die zur Zeit Jesu auf dem See Gennesaret als Arbeits- und Verkehrsmittel in Gebrauch waren, kaum genauere Vorstellungen. In jenem Jahr wurde nahe der Einmündung des Zalmon in den See das Wrack eines etwa 2000 Jahre alten Bootes gefunden. Eine Datierung nach der C 14-Methode ergab für den größten Teil des Bauholzes ein Alter von „um 40 v. Chr. ± 80 Jahre".[114] Das Boot wurde mehrfach mit unterschiedlichen Holzarten repariert und dürfte ein beachtliches Alter erreicht haben.[115] Die Boote, die seinerzeit auf dem See Gennesaret „mit seinem flachen Wasser und wechselnden Winden"[116] unterwegs waren, ähnelten wohl einem *Myoparon*[117]. Josephus nennt sie σκάφη, „*Boote*" (BJ II 21,8f.; III 10,1.9), auch σκάφη μικρὰ καὶ λῃστρικά, „*kleine Piratenboote*", ἁλιάδες, „*Fischerboote*" (BJ III 10,1.9) oder auch νῆες, „Schiffe" (BJ III 10,1)!

---

114 *Orna Cohen*: Schiff. S. 149; *Mendel Nun*: See. S. 125f.
115 *Orna Cohen*: Schiff. S. 149; *Mendel Nun*: See. S. 125f.; Schleswiger Jesusboot. Bilder und Texte zu Nachbau und Betrieb eines historischen Fischerbootes aus der Zeit Jesu. Hg. v. *Nordelbischen Bibelzentrum St. Johanniskloster Schleswig*. Schleswig 2011. S. 7.
116 *Jürgen Zangenberg*: Magdala. S. 96.
117 *Jürgen Zangenberg*: Magdala. S. 96f.; s. auch *Lionel Casson*: Ships and Seamanship in the Ancient World. Princeton 1971. Abb. 137 Nr. 11 u. *Olaf Höckmann*: Antike Seefahrt. München 1985. Abb. 52 Nr. 11.

Inzwischen gibt es einen seetüchtigen, auf der Schlei und der Ostsee erprobten Nachbau dieses bei Ginnosar gefundenen Bootes, das Schleswiger „Jesusboot", und damit auch die Möglichkeit, Näherungswerte für die Fahrten Jesu über den See Gennesaret zu gewinnen, von denen Markus berichtet[118]. Auf Grund der vorhandenen Reste des Bootes wurden dessen vermutlichen Maße errechnet: Länge über alles: 9,37 m, Breite über alles 2,55 m, Tiefgang je nach Beladung zwischen 0,6 und 0,8 m. Das Gewicht des Schleswiger Bootes beträgt ca. 3,5 t; das des Ginnosar-Bootes dürfte bei etwa 2 t gelegen haben, da dessen Planken dünner sind (knapp 2 cm statt 3,5 cm). Damit das Boot beim Segeln nicht zu sehr krängt, hat es 1,3 t Steine als Ballast – auch das Ginnosar-Boot wird beim Segeln nicht ohne Ballast ausgekommen sein. Ein vier Meter hoher Mast trägt das für die griechisch-römische Zeit typische, hier 16 m² große, quadratische Rah-Segel[119], das bei auffrischendem Wind auch gerefft werden konnte. Das flache Boot (s. 4,37b) läuft leicht und erreicht beim Kreuzen[120] bis zu 60° und bei Windstärke 5 mit achterlichem oder raumen Wind unter Segel bis zu 7 Knoten, von vier Mann gerudert bei ruhigem Wasser jedoch wohl höchstens 1-1,5 Knoten.[121] Auf seiner Jungfernfahrt, die mehrere Tage dauerte, legte das Boot am 1. Mai 2010 die rund 6 Seemeilen von der Museumswerft in Flensburg nach Schausende bei Glücksburg unter Segel in 5 Stunden zurück, also mit ungefähr 1,2 Knoten, und se-

---

118 Zum Folgenden vgl.: *Nordelbisches Bibelzentrum* ...: Jesusboot. Bes. S. 3-17 u. 25-29; s. a. *Karl Hofmann-von Kap-herr; Christoph Schäfer*: Experimentalarchäologie trifft auf Schifffahrt. In: AW (5/2017) S. 76-83.

119 S. *Nordelbisches Bibelzentrum* ...: Jesusboot. Titelbild, S. 17 u. 24; *Lionel Casson*: Ships. Abb. 171, 188; *Helmuth Schneider*: Einführung in die antike Technikgeschichte. Darmstadt 1992. S. 146.

120 Vgl. *John Gray Landels*: Die Technik in der antiken Welt. München 1980. S. 190-192.

121 Michael Bruhn, seit 2010 Skipper auf dem Jesusboot, danke ich für hilfreiche Auskünfte.

gelte vier Tage später in 1:45 Stunden von Maasholm nach Kappeln – etwa 2,7 Seemeilen, hier immerhin mit gut 1,5 Knoten Reisegeschwindigkeit.[122] Angesicht dessen mag die Fahrt über den See Geenesaret mit dem Boot zur Zeit Jesu wohl bequem gewesen sein, ob allerdings immer „relativ schnell", wie Mendel Nun meint[123], sei dahingestellt. Ich vermute, wohl eher nicht.

Mit dem Wind auf dem See Gennesaret dürfte es sich heute noch wie zu Jesu Zeiten verhalten. In der Nacht und morgens herrscht oft Windstille, oder es weht nur ein leichter Ostwind. Gegen Mittag pflegt der Wind aufzufrischen. Vor allem im Sommer kommt nachmittags ein warmer Fallwind aus Westen auf, der gegen Abend stärker werden kann[124]. Zwischen Ostern und Pfingsten sowie im Oktober weht häufig der Chamsin, ein heißer Wüstenwind aus dem Osten (vgl. Jon 4,8).[125] Im Winter, der Jahreszeit mit den meisten Stürmen, kommt der Wind überwiegend aus dem Norden oder Osten; überdies war der See „schon immer berüchtigt für seine plötzlichen Stürme" (vgl. 4,37; 6,48).[126]

Nur bei drei der sechs Fahrten Jesu über den See Gennesaret erfahren wir mehr als das bloße „Daß": in 6,33, daß Fußgänger schneller das Ziel erreichten als das Boot, in 4,36, daß das Boot nachts in einen gewaltigen Sturm geriet, sowie in 6,48, daß – auch hier nachts – heftiger Gegenwind war und daß es sich beide Male vermutlich um Sturm aus dem Osten gehandelt haben dürfte, diese Überfahrten also eher im Winter als zu einer anderen Jahreszeit stattfanden.

Daraus, daß in 6,33 Fußgänger schneller waren als das Boot, ist zu entnehmen, daß das Boot gerudert wurde oder

---

122 *Nordelbisches Bibelzentrum ...*: Jesusboot. S. 28f. u. 53.
123 *Mendel Nun*: See. S. 93.
124 *Yehuda Karmon*: Israel. S. 134; *Othmar Keel, Max Küchler, Christoph Uelinger*: Orte. S. 51f.
125 *Othmar Keel, Max Küchler, Christoph Ueli*: Orte. S. 48.
126 *Mendel Nun*: See. S. 57, ferner S. 52, 86, 185f. u. 245, s. auch S. 56.

wenig oder widriger Wind wehte oder gekreuzt werden mußte. Die Auskunft des Evangelisten dürfte also richtig sein.

Das gilt auch für die Episode 6,45-54: Die Fahrt, bei der gegen den Wind gerudert wurde, dauerte vom Abend bis zum nächsten Morgen (6,48!), trotz der verhältnismäßig kurzen Strecke, die zurückzulegen war. Für die Überfahrt in 4,36-5,1 sind weit widrigere Wetterverhältnisse als in 6,45-54 vorauszusetzen, bei denen – entgegen manchen mittelalterlichen Bildern dieser Episode – nur gerudert werden konnte. Das war gleichfalls eine Überfahrt, die wohl vom Abend bis zum Morgen des nächsten Tages dauerte, obwohl die Entfernung von Kafarnaum bis Gergesa (Koursi) lediglich knapp fünf Seemeilen betrug. Zwar mischen sich in diesen beiden Episoden Faktuales, Fiktionales und Mythisches, dennoch sind die faktualen Angaben realistisch. Markus dürfte also zuverlässige Kenntnisse über die Schiffahrt auf dem See Gennesaret gehabt haben.

Bleibt noch die Frage: Wer stellte Jesus jeweils ein Boot zur Verfügung? Folgen wir der Erzählung des Markus, brauchte Jesus in der Zeit, über die der Evangelist berichtet, also in gut einem Jahr oder mehr, insgesamt sechsmal ein Boot, jeweils nur für Stunden, zweimal für eine Nacht (4,35; 6,47), davon einmal noch für einige Stunden vorab (4,1). Angesichts dessen ist mir unverständlich, wie Bärbel Bosenius[127] zu der Annahme kommt, „dass der markinische Jesus ständig über ein Boot verfügt" hätte. Nach Josephus hat es um die Jahre 66/67 auf dem See 330[128] Boote gegeben (BJ II 21,8). Diese Zahl mag gerundet, vielleicht zu hoch angesetzt sein, doch ergibt sich aus ihr, daß es – zu-

---

[127] *Bärbel Bosenius*: Raum. S. 341; vgl. S. 197.

[128] Und nicht 230, wie irrtümlich τριακόσια in: Flavius Josephus: De Bello Judaico. Der jüdische Krieg. Griechisch und Deutsch. Bd. I: Buch I-III. Hg. u. mit einer Einl. sowie mit Anm. vers. v. *Otto Michel* u. *Otto Bauernfeind*. Darmstadt. Sonderausg. 2013. S. 309, übersetzt ist. „230" fand seinen Weg auch schon in die Sekundärliteratur: Mendel Nun: See. S. 85.

mal in Friedenszeiten – keine Schwierigkeiten gemacht haben wird, an ein Boot zu gelangen. Das legen auch 6,53 und 8,10 nahe: Nach der Landung in Gennesaret auf dem Westufer trat Jesus seine nächste Überfahrt am Ostufer an, wohin er nach der Rückkehr von seiner Wanderung in das Gebiet von Tyrus und Sidon gelangt war (7,31). Da es am See wohl eine ganze Anzahl von Häfen gab, dürfte hier eher Mendel Nun mit seiner Ansicht richtig liegen, daß Jesus – auch im Markusevangelium – in verschiedenen Booten über den See fuhr.[129]

„Von Mk 4 an segelt Jesus ständig mit einem Boot über den See Genezareth"– so Bärbel Bosenius[130]; aber so war es ganz gewiß nicht, denn Jesus hat nach dem Bericht des Markus in den Kapiteln 1 bis 9 – wie oben beschrieben – nur sechsmal ein Boot für Fahrten über den See gebraucht, aber ein Vielfaches an Kilometern zu Fuß zurückgelegt. Und ebenso wenig wie das „Haus" einer der zentralen Handlungsorte Jesu ist (s. u. S. 106 mit Anm. 232), spielt *„das Boot"* im Evangelium eine Rolle „quasi als Erweiterung *des Hauses* Jesu"[131]. Es dient vielmehr stets als Verkehrsmittel (5,21; 6,32; 8,10) und ist gelegentlich zudem auch kein theologisch aufgeladener Ort, sondern ein Ort wie jeder andere, an dem Jesus die Volksmenge lehrt (4,1; vgl. 7,14-17; 10,1), Wunder geschehen (4,39; 6,48-51; vgl. 5,8-13.35-42) oder Jünger belehrt werden (8,13-21; vgl. 10,24-31; 13,5-37).

Bei der Überfahrt *„im Boot"* traf ein heftiger Sturm (vgl. Jer 32,32 LXX), vielleicht einer der gefürchteten Fallwinde[132], das Boot mit Jesus und den Zwölfen (4,36f.). Jesus schlief *„am Heck"* (4,38), wurde von den

---

129 *Mendel Nun*: See. S. 129; s. a. u. S. 84 mit Anm. 185.
130 *Bärbel Bosenius*: Raum. S. 341.
131 *Bärbel Bosenius*: Raum. S. 194.
132 S. *Hans Wilhelm Hertzberg*: Wind. In: BHH. Bd. 3. Göttingen 1966. Sp. 2175.

Jüngern geweckt, stillte den Sturm, und sie kamen – so mit ℵ² L Δ Θ f¹ 28. 33. 565. 579. 700. 892. 1241. 1424. 1646. 2542 sy$^{s.hmg}$ bo; Orig Epiph Theophylact – „an das jenseitige Ufer des Sees ins Gebiet[133] der Gergesener" (5,1), wo Jesus „aus dem Boot" stieg (5,2).

Die Lesarten „Gadarener" – Gadara, 9 km südöstlich des Sees gelegen, ist durch das Jordan- und Yarmuktal vom See Gennesaret getrennt – und „Gerasener" – Gerasa, eine der später größten Städte der 5,20 erwähnten Dekapolis mit einem Territorium, das vermutlich bis zum Wadi Yabis reichte[134], liegt 55 km südöstlich des Sees – dürften den Parallelen bei Matthäus (Mt 8,28) bzw. Lukas (L 8,26) entlehnt oder Versuchen entsprungen sein, den wohl vielen Schreibern unbekannten Ort Gergesa durch einen ihnen und ihren Lesern bekannten Ort zu ersetzen (vgl. u. S. 120). Daß angesichts dieses Sachstandes Gerasa eine

---

133 Εἰς τὴν χώραν: Wenn kein bestimmter Ort erwähnt wird, in dem sich das im folgenden Geschilderte ereignete, das Geschehene aber räumlich zugeordnet werden soll, beschreibt Markus die Gegend oder Umgebung eines Ortes ähnlich wie hier: „in das Gebiet von ..." bzw. „aus dem Gebiet von ..." (7,24.31: τὰ ὅρια bzw. τῶν ὁρίων) oder „in die Gegend von ..." (8,10: τὰ μέρη) oder „in die Dörfer von ..." (8,27: τὰς κώμας) oder „mitten im Gebiet (τῶν ὁρίων) von ..." (7,31) oder „in das Gebiet (τὰ ὅρια) von ..." (10,1). Ähnlich verhält es sich mit ἔξω τῆς χώρας (5,10) und ἀπὸ τῶν ὁρίων (5,17), die auf Gergesa (5,1) zurückweisen, und ὅλην τὴν χώραν in 6,55, das sich auf Gennesaret (6,53) bezieht, aber auch mit τὰς κώμας κύκλῳ (6,6).
134 *Jacques Seigne*: Gerasa-Jerasch – Stadt der 1000 Säulen. In: Adolf Hoffmann – Susanne Kerner (Hg.): Gadara. S. 6-22, dort S. 20.

χώρα, eine Farm, am See Gennesaret gehabt haben soll[135], ist mehr als unwahrscheinlich.

Da die in 5,1 vorausgesetzte und in 5,20 erwähnte **Dekapolis** grundsätzliche Bedeutung auch für die Datierung des Markusevangeliums hat, sei hier etwas weiter ausgeholt. Der Begriff „Dekapolis" ist erst seit Markus (5,20; 7,31; vermutlich kaum vor 75; zu Mt 4,25 s. u. S. 79), C. Plinius Secundus d. Ä., nat. 5,74.77 (*regio Decapolitana*) u. 15,15 (*Decapoli vero Syriae* [s. u. Anm. 142], 77), und Flavius Josephus, BJ III 9,7 (zwischen 79 und 81), sowie dessen *Vita*[136] 65; 74 (93/94, vielleicht auch erst um 96) in der antiken Literatur belegt. Die jeweilige Erwähnung der Dekapolis dürfte die Verhältnisse in der Zeit des Autors spiegeln. Weitere, vor etwa 75 datierte oder zu datierende Quellen oder Inschriften sind nicht bekannt.

Woher Markus seine Kenntnis der Dekapolis hatte, ist nicht zu ermitteln. Er verschweigt wie etwa Tacitus in der *Germania* seine Quellen. Von Plinius wissen wir, daß er zwar die Werke wohl einiger hundert lateinischer und griechischer Autoren benutzt hat.[137] Den oben genannten Stellen aus Buch 5 seiner *Naturalis historiae libri XXXVII*[138] – es

---

135 So *Bärbel Bosenius*: Raum. S. 202f., etwas sehr gewunden; χώρα in dieser Bedeutung ist nur in L 12,16 im Gleichnis vom reichen Kornbauern belegt. Und ob dem Evangelisten die mögliche Vorgeschichte mit der *Legio X Fretensis* bekannt war, wissen wir nicht (a.a.O. S. 204-208).
136 Flavius Josephus: Kleinere Schriften: Selbstbiographie, Gegen Apion, Über die Makkabäer. Übers. u. mit Einl. u. Anm. versehen v. *Heinrich Clementz*. Halle 1901. Nachdr. Wiesbaden 1995.
137 C. Plinius d. Ä.: Naturkunde. Bd. I. Kosmologie. Hg. u. übers. v. *Gerhard Winkler* u. *Roderich König*. Düsseldorf 2008. S. 18f.; *Klaus Sallmann*: Plinius. [1] P. Secundus, C. (der Ältere). DNP. Bd. 9. Stuttgart 2003/2012. Sp. 1135-1142, dort Sp. 1139: 146 römische und 327 griechische Autoren.
138 C. Plinii Secundi naturalis historiae libri XXXVII. Post L. Iani obitum recognovit et scripturae discrepantia adiecta edidit *Carolus Mayhoff*. Vol. VI. Leipzig 1892-1909.

ist wie deren andere geographischen Bücher 3, 4 und 6 in der Art eines Periplous verfaßt[139] – sowie Buch 15 läßt sich aber nicht entnehmen, woher sein Wissen über die Dekapolis stammte. Auch Josephus gibt in *De bello Iudaico* und der *Vita* keine Auskunft über seine Gewährsleute.

Tacitus erwähnt in den *Historiae* (hist. V 6,1) bei seiner Beschreibung der Judäa umgebenden Gebiete nur Arabien, Ägypten, Phönizien und Syrien, jedoch nicht die Dekapolis, die ja gleichfalls an die römische Provinz Judäa grenzte und zu seiner Zeit noch existierte. Sie fehlt ebenso in des Cassius Dio *Römischer Geschichte,* zumal in den Abschnitten, in denen er über die Neuordnung Syriens und Phöniziens durch Pompejus sowie dessen Maßnahmen gegen Aretas III., Hyrkanus II. und Aristobul II. berichtet (Cass. Dio XXXVII 15,1-16,5).

Damit sind wir bei der bis heute weitest verbreiteten Ansicht über die Entstehung der Dekapolis, die sich auch in neuerer und neuester Literatur spiegelt[140]. Felix-Marie Abel gibt sie so wieder: „La chose est une conséquence de la politique de Pompée", merkt aber davor zu Recht an, daß der Name „Dekapolis" nicht vor den beiden ersten Evangelien,

---

139 So auch des Pomponius Mela 43/44 entstandene *De chorographia libri tres* (Pomponius Mela: Kreuzfahrt durch die alte Welt. Zweisprachige Ausg. v. *Kai Brodersen*. Darmstadt 1994), wo indes in I 62 wohl *Syria, Coele, Damascene, Adiabene, Iudaea* und in I 63 *Pal‹a›estina, Arabia* und *Phoenice* genannt werden, jedoch nicht die Dekapolis, zu der ja nach Auskunft des Plinius auch Damaskus gehörte. Mela läßt uns gleichfalls seine Quellen nicht wissen.

140 Z. B. in *Anne-Maria Wittke; Eckart Olshausen; Richard Szydlak*: Historischer Atlas der antiken Welt. Stuttgart 2003/2012. S. 180. = DNP. Supplemente. Bd. 3.; *Lukas E. Födermair*: Dekapolis. In: Herders neuer Bibelatlas. Hg. v. Wolfgang Zwickel; Renate Egger-Wenzel; Michael Ernst. Freiburg 2013. S. 272f.; *Dietrich-Alex Koch*: Urchristentum. S. 96f.

Josephus und Plinius begegne.[141] Merkwürdig ist, daß dies bisher kaum aufgefallen zu sein scheint.

Laut Plin. nat. 5,74 gehörten zur Dekapolis die zehn Städte Damaskus, Philadelphia, Raphana, Skythopolis, Gadara, Hippos, Dion, Pella, Gerasa und Kanatha. Er weist aber darauf hin, daß hier „nicht alle übereinstimmen" – *in quo non omnes eadem observant*. Zur Lage der Dekapolis schreibt er: „Damit [mit Judäa] ist an der anderen Seite Syriens das Gebiet der Dekapolis (*regio Decapolitana*) verbunden ... Dazwischen und rund um die [obengenannten] Städte liegen Tetrarchien, jede einem Königreich gleich, und sie werden auch als Königreiche gezählt: Trachonitis, Paneas, in welcher Caesarea ... liegt, Abila, Arka, Ampeloessa und Gabe." Er fügt in 77 hinzu: Dem Berg Libanos „gegenüber, nur durch ein Tal getrennt, erstreckt sich der gleich hohe Antilibanos ... Dahinter befinden sich nach innen hin das Gebiet der Dekapolis (*regio Decapolitana*) und mit ihr die vorher [in 74] erwähnten Tetrarchien und die ganze Weite Palästinas."[142] Den zehn Städten bei Plinius stehen später in einer erheblich umfangreicheren Liste mit den Namen der dekapolitanischen Städte (Δεκαπόλεως πόλεις) bei Klaudios Ptolemaios, *Geographica* V 15,22f. (wohl gegen 170), neun weitere Städte gegenüber, nämlich außer den in der Liste des Plinius genannten Städten, von denen Raphana fehlt, noch Heliopolis, Abila Lysanias, Saana, Ina, Samoulis, Abida, Kapitolias, Adra und Gadora[143].

Josephus schreibt, Skythopolis, μεγίστη τῆς Δεκαπόλεως – „die größte" oder eher: „eine sehr große" (Elativ, nicht

---

141 F[elix]-M[arie] Abel: Géographie de la Palestine. Bd. II. Géographie politique. Les villes. 2. Aufl. Paris 1938. S. 145.
142 C. Plinius Secundus d. Ä: Naturkunde. Bd. II. S. 127f.; in 15,15 geht es um sehr kleine, aber ihres Fruchtfleisches wegen geschätzte Oliven.
143 Claudii Ptolemaei Geographia. Edidit *Carolus Fridericus Augustus Nobbe*. Tom. II. Leipzig 1845. S. 63f. (V 15,22f. u. nicht 5,14-22, V.14.18 o. ä.!)

Superlativ[144]) Stadt der Dekapolis, deren Blütezeit erst in der ersten Hälfte des 2. Jahrhunderts begann, – und Tiberias seien benachbart (Jos. BJ III 9,7), ferner, daß Justus von Tiberias, ein Zeitgenosse des Josephus und wie dieser im 1. jüdischen Krieg Truppenkommandeur bei den Aufständischen und später Historiker, die δέκα πόλεις (sic!, der Sprachgebrauch scheint noch nicht gefestigt) „in Syrien" (vgl. Plin. nat. 15,15!) – gemeint ist die römische Provinz *Syria* der Kaiserzeit – mit Krieg überzogen (Jos. Vita 65) und ihre Dörfer eingeäschert habe (ebd. 74).

In den *Antiquitates* erwähnt Josephus von Buch XIV an, das u. a. die Eroberung Syriens und Palästinas durch Pompeius und dessen Neuordnung der dortigen politischen Verhältnisse beschreibt, zwar Damaskus (XIV 2,3; 3,2.4; XVIII 6,3), Philadelphia (XX 1,1), Skythopolis (XIV 4,4; 5,3), Gadara (XV 10,2f.; XVII 11,4); Hippos (XIV 4,4; XVII 11,4), Dion (XIV 4,4) und Pella (XIV 3,2; 4,4), teilt auch mit, daß Augustus die Griechenstädte Gadara und Hippos Syrien zugeschlagen habe (XVII 11,4), bringt jedoch keine dieser Städte in einen Zusammenhang mit einem Zehn-Städte-Bund oder dergleichen. In *De Bello Iudaico* kommen alle Städte aus der Aufzählung des Plinius (s. o. S. 74) vor – meistens mehrfach –, ohne daß sie jedoch, abgesehen von der einmaligen Ausnahme Skythopolis (s. o.), in irgendeine Beziehung zur Dekapolis gesetzt werden. Überdies hatten Gadara und Hippos von 30 bis 4 v. Chr. zum Reich Herodes' des Großen gehört (BJ I 20,3) und kamen anschließend zur römischen Provinz *Syria* (BJ II 6,3). Damit bleibt nur der Schluß: Für Josephus hat es vermutlich frühestens nach Ende des 1. Jüdischen Kriegs eine Dekapolis gegeben.

Plin. nat. 5,74 und 77 läßt sich indes nicht entnehmen, ob wir uns das Gebiet der Dekapolis als zusammenhängendes

---

144 Neutestamentliche Grammatik. Das Griechische des Neuen Testaments im Zusammenhang mit der Volkssprache. Dargestellt v. *Ludwig Radermacher*. 2., erw. Aufl. Tübingen 1925. S. 68f. = HNT 1; s. a. BDR. S. 47f., § 60.

Gebilde vorzustellen haben, wie es in etlichen historischen Atlanten dargeboten wird[145] oder als eine Art mehr oder weniger löchrigen Flickenteppichs[146], wie Plinius (nat. 5,74) eher nahelegt. Letzteres dürfte wahrscheinlicher sein. Außerdem haben wir keine hinreichend genaue Kenntnis vom Umfang der damaligen Territorien der genannten Städte, ob sie also alle irgendwie aneinander grenzten oder es sich nicht eher um einen losen Verbund territorial nicht unbedingt benachbarter Städte handelte[147] – wie es etwa Jahrhunderte später bei der Hanse, einem lockeren Bund ohne feste Verfassung, der Fall war.

Festzuhalten ist, daß drei Autoren – je ein christlicher, jüdischer und römischer – in der zweiten Hälfte der siebziger Jahre des ersten Jahrhunderts erstmals und unabhängig voneinander die Dekapolis erwähnen, allerdings ohne ihre Quellen zu nennen. Dem, daß die Dekapolis in den *Antiquitates* des Josephus nicht genannt wird, entspricht ihr Fehlen in der *Chorographia* des Pomponius Mela: Sie gab es in der dort von Josephus erzählten Zeit offenbar ebenso wenig wie in der Zeit Melas. Wird eine der zur Dekapolis gezählten Städte in der sonstigen zeitgenössischen, antiken Literatur genannt, fehlt jeder Hinweis auf eine Zugehörigkeit zur Dekapolis.

Die Dekapolis scheint also eine „recht vage geographische Beschreibung eines wie auch immer zusammenhängenden Gebietes" zu sein, dessen Städte teilweise Münzen der Pompejanischen Ära (64 bis 51 v. Chr.) prägen, von deren Inschriften aber nicht eine einzige „die jeweilige Stadt als Mitglied der Dekapolis bezeichnet und keine Quelle die

---

145 Vgl. nur die einschlägigen Karten im Tübinger Bibelatlas, Herders großem Bibelatlas, Herders neuem Bibelatlas oder in den Bibelausgaben der Deutschen Bibelgesellschaft.
146 Vgl. F[elix]-M[arie] Abel: Géographie. Bd. II. S. 146: „une région assez cohérente".
147 Alle in den gängigen Atlanten usw. angegebenen Grenzen der Dekapolis sind daher nur Vermutungen.

Dekapolis jemals als Liga oder Föderation von Städten beschreibt"[148]. Die Dekapolis bezeichnet demnach vielmehr einen lockeren Verbund von Städten, der keine juristische, politisch-administrative Größe war und auch nicht über eine gemeinsame Verwaltung verfügte.[149] Schon Gustaf Dalman bemerkte in „Orte und Wege Jesu" zum „Bund der Zehnstädte" nur lakonisch, daß „über dessen Organisation uns jede Nachricht fehlt"[150]. Die Städte unterstanden Rom möglicherweise unmittelbar. In ihnen lebte eine gemischte Bevölkerung arabisch-semitischer Herkunft, zu der auch Nabatäer gehörten, ferner Juden – sie wohl eher mehr in den unweit des Jordans bzw. des Sees Gennesaret gelegenen Städten – und „Hellenen", gleich wie diese näher zu beschreiben seien (s. dazu u. S. 92f. zu 7,26). Das mit „Dekapolis" umschriebene Gebiet wurde 106 zwischen den Provinzen *Iudaea (*seit 135 *Syria Palaestina), Syria* und *Arabia* aufgeteilt.[151]

Der Name Dekapolis taucht offenbar vor der Mitte der siebziger Jahre in der Literatur, auf Münzen und Inschriften nicht auf. Das läßt darauf schließen, daß die Dekapolis, die geographisch bis auf Skythopolis und Damaskus etwa der früheren Galaaditis entspricht[152], erst aus den politischen Veränderungen entstand, die sich als Folge des 1. Jüdischen Krieges (66-70) ergaben. Damit dürfte die weitverbreitete Annahme, die Dekapolis sei ein Produkt pompeianischer Politik – aus dieser Zeit gibt es keinerlei literarische Nachrichten, Inschriften oder Münzen mit diesem Namen –, hinfällig sein, selbst wenn sie einem Mantra

---

148 *David Graf*: Die Dekapolis – Ein Prolog. In: Adolf Hoffmann; Susanne Kerner (Hg.): Gadara. S. 4f., dort S. 4.
149 *Robert Wenning*: Die Dekapolis und die Nabatäer. ZDPV 110 (1994) S. 1-35; dort S. 11.
150 *Gustaf Dalman*: Orte. S. 6.
151 *Jürgen Zangenberg; Peter Busch*: Hippos und Gadara – Ein Hauch von Welt am See. In: Leben. S. 117-129, dort S. 117.
152 *Robert Wenning*: Die Dekapolis. S. 1.

gleich immer wieder ohne triftige Begründung wiederholt wird. Es ist schon recht merkwürdig, daß diese Annahme in der neutestamentlichen Wissenschaft nicht nachdrücklicher hinterfragt wird, hängt doch einiges davon ab, ob sie zutrifft oder nicht.[153]

Wenn diese Annahme hinfällig ist, sind es auch Versuche wie die von Klaus Berger[154] oder Günther Zuntz[155], das Evangelium weit vor 70 zu datieren. Klaus Berger meint zwar, „das Jahr 45 als spätesten Zeitpunkt der Entstehung" ansehen zu können. Gibt es jedoch einen einleuchtenden Grund, warum die Dekapolis, geographisch wiewohl von beachtlicher Erstreckung, seit der vorgeblichen Gründung durch Pompeius – also zwischen 63 v. und *De bello Iudaico* des Josephus, um 80 n. Chr. – mehr als 140 Jahre offenbar unbemerkt existiert haben soll und weder in der antiken Literatur noch auf Münzen oder Inschriften, gleich welcher Art, Spuren hinterließ? Wohl kaum. Ob sich andererseits das Markusevangelium so genau auf die Zeit zwischen Winter 68/69 und Winter 69/70 datieren läßt, wie Martin Hengel mutmaßt[156], hängt letztlich auch davon ab, wie 13,2 zu verstehen ist[157] (s. o. S. 39-41) und ob zu der Zeit die theologisch völlig unerhebliche territoriale Bezeichnung „Dekapolis" schon existierte und zum Sprachschatz der

---

153 Zum Ganzen vgl. *Robert Wenning*: Dekapolis. In: NTAK. Bd. 2. S. 145-147; *ders.*: Dekapolis. In: RGG. 4. Aufl. Bd. 2. Tübingen 1999. Sp. 635.
154 *Klaus Berger*: Kommentar zum Neuen Testament. 2. Aufl. Gütersloh 2012. S. 130.
155 *Günther Zuntz*: Wann wurde das Evangelium Marci geschrieben? In: Markus-Philologie. S. 47-71, dort S. 47-50.
156 *Martin Hengel*: Entstehungszeit. S. 43; *ders.*: Die vier Evangelien und das eine Evangelium von Jesus Christus. Tübingen 2008. S. 141 u. 354. = WUNT 224; s. a. *Ferdinand Hahn*: Einige Überlegungen zu gegenwärtigen Aufgaben der Markusinterpretation. In: *Ders.*: Erzähler. S. 171-197, dort S. 192.
157 Martin Hengels Argumentation zu 13,2 (Entstehungszeit. S. 21 bis 25) hat mich nicht überzeugt.

griechisch und/oder lateinisch Schreibenden gehörte oder nicht. Ganz sicher dürfte das erst später der Fall sein (s. o. S. 72-78). Es spricht daher mehr für eine Datierung des Markusevangeliums um die Mitte der siebziger Jahre als vor 70.[158]

Markus erwähnt die Dekapolis abermals bei der Rückkehr Jesu aus dem Gebiet von Tyrus und Sidon an das Ostufer des Sees Gennesaret (7,31). Das Matthäusevangelium, wohl etwa zehn Jahre nach dem des Markus entstanden, nennt sie einmal (Mt 4,25 ∥ Mk 3,7f.), um mit ihr und anderen Territorien die Herkunft der Menschen zu beschreiben, die zu Jesus nach Galiläa kamen. Bei Lukas und Johannes fehlt sie. Anscheinend war sie für diese beiden Evangelisten keine bekannte oder relevante Größe.

Die handschriftliche Überlieferung von 5,1, auf die ich noch einmal zurückkommen werde (u. S. 85-88), ist das eine, die historische Topographie das andere: **Gadara** (Mt 8,28 mit B C (Δ) Θ sy$^{s.p.h}$; Epiph) war um 70 eine exponiert auf einer Felskuppe hoch über den Tälern von Jordan, Yarmuk und Wadi al-'Arab gelegene Siedlung, eine vermutlich seit dem 3./2. Jh. v. Chr. ummauerte kleine Stadt. Schon auf Grund der exponierten topographischen Lage dürfte sich das Gebiet der Stadt schwerlich bis zum See er-

---

158 So auch *Walter Schmithals*: Evangelien, synoptische. In: TRE. Bd. X. Berlin 1982. S. 570-626., dort S. 626: um 75; ähnlich *Eve-Marie Becker*: Markusevangelium. S. 405f.; *dies.*: Krieg. S. 234-236; *dies.*: Konstruktion. S. 260; *Udo Schnelle*: Einleitung. S. 269f. Eine Abfassung noch vor Beginn des 1. jüdischen Krieges vermutet *Peter Dschulnigg*: Markusevangelium. S. 56, an eine vor dem Ende dieses Krieges zwischen 66 und 69 denkt *Ludger Schenke*: Markusevangelium. S. 37-39, an eine um das Jahr 68 *Ferdinand Hahn*: Theologie des Neuen Testaments. Bd. II. Die Einheit des Neuen Testaments. Thematische Darstellung. 3., nochmals durchgesehene Aufl. Tübingen 2011. S. 493, und an eine kurz nach der Eroberung des Tempels, jedoch vor Ende aller Kriegshandlungen hingegen *Gerd Theißen*: Lokalkolorit. S. 284.

streckt haben.¹⁵⁹ Zwar zeigen die Karten IX im 2. Band von Felix-Marie Abels „Géographie de la Palestine" und auf S. 272 in „Herders neuer Bibelatlas" – übrigens anders als die Karte auf S. 157 in „Herders großer Bibelatlas"¹⁶⁰ – für das Territorium der Stadt Gadara einen Seeanschluß an, jedoch läßt die hervorragende topographische Darstellung der Karte auf S. 300 in „Herders neuer Bibelatlas" deutlich erkennen, daß die Topographie gegen einen Seeanschluß spricht: Das Yarmuktal als natürliche Grenze, die Entfernung vom See und ein Höhenunterschied von über 560 m zwischen Gadara und dem See dürften ihn verhindert haben.

Bereits Gustaf Dalman stellte fest, es gäbe keinen Beweis, „daß das Gebiet von Gadara im Jordantal den Jarmuk überschritt".¹⁶¹ Auch findet sich in der antiken Literatur kein Hinweis auf einen Seeanschluß; er verdankt sich wohl nur der Lesart Γαδαρηνῶν. Die Überlegungen von Mendel Nun¹⁶², daß es doch einen Seeanschluß gegeben habe, gründen sich vor allem auf den Fund einer nicht datierten Hafenanlage bei Es-Samra, der wohl größten am See, und dem Verlauf wichtiger Römerstraßen, die jedoch erst unter Marc Aurel (161-180) und Macrinus (217-218) erbaut wurden¹⁶³. In der späten Kaiserzeit besaß Gadara ein umfang-

---

159 Gegen *Harald Hegermann*: Gadara. In: BHH. Bd. I. Göttingen 1962. Sp. 508; *Gerd Theißen*: Lokalkolorit. S. 253f.; *Ulrich Luz*: Das Evangelium nach Matthäus. 2. Teilbd. Mt 8-17. Neukirchen 1990. S. 32 mit Anm. 7. = EKK. Bd. I/2.
160 Herders großer Bibelatlas. Hg. u. bearb. v. *Othmar Keel* u. *Max Küchler*. Freiburg 1989; so auch *Yohanan Aharoni*; *Michael Avi-Yonah*: Der Bibelatlas. Die Geschichte des Heiligen Landes 3000 Jahre vor Christus bis 200 Jahre nach Christus. Hamburg 1981. Karten 231 u. 232.
161 *Gustaf Dalman*: Orte. S. 192; s. auch u. S. 83-85.
162 *Mendel Nun*: See. S. 70-72, 192-204.
163 S. Tübinger Bibelaltlas. Karte B V 17.2.

reiches Hinterland[164]. In dieser Zeit mögen territoriale Veränderungen stattgefunden haben, die dazu führten, daß Gadara Seeanschluß erhielt, aber schwerlich schon im 1. Jahrhundert. Außerdem eignet sich die Topographie der Gegend bei Es-Samra nicht für das, was sich dort laut 5,11 bis 13 zugetragen haben soll.

Gerasa (L 8,26 mit $\mathfrak{P}^{75}$ B D latt sy^{hmg} (sa); Tert Cyrill), über 50 km entfernt vom See gelegen, „war bis zur mittleren Kaiserzeit eine offene, unbefestigte Stadt, die dorfartig um den alten Siedlungskern auf dem Tell anwuchs"[165]. Allein diese Tatsache spricht dagegen, daß die südliche Dekapolis zur Zeit des Markus oder gar der Jesu etwa „Land der Gerasener" genannt worden wäre[166], ganz abgesehen davon, daß die Daten für die Übernahme des hippodamischen Straßenplans, auf die sich Gerd Theißen bezieht und die auf Angaben von Carl Herbert Kraeling fußen[167], längst überholt sind: Statt zwischen 22 und 76 begann diese erst ab Mitte des 2. Jahrhunderts[168], auch der wirtschaftliche Aufschwung fing erst in dessen erster Hälfte an[169]. Trotz ihres später großen Territoriums gehörte die Stadt auf Grund ihrer Lage nicht zu den Seeanliegern. Also kann dort auch nicht, wie Paul-Gerhard Klumbies meint[170], eine Schweineherde ins Wasser getrieben worden sein. Das Gerasa, das er hier vor Augen hat, dürfte es in der Realität nicht gegeben haben; das reale Gerasa war zudem, anders als es sei-

---

164 *Thomas Leisten*: Gadara. In: DNP. Bd. 4. Stuttgart 2003/2012. Sp. 729f., dort Sp. 730.
165 *Robert Wenning*: Die Dekapolis. S. 14.
166 *Gerd Theißen*: Lokalkolorit. S. 255f.
167 *Gerd Theißen*: Lokalkolorit. S. 115 mit Anm. 115; *Carl Herbert Kraeling*: The History of Gerasa. In: *Ders.* (Hg.): Gerasa. City of the Decapolis. New Haven 1938. S. 27-69, dort S. 41.
168 *Jacques Seigne*: Gerasa. S. 9-12.
169 *Jacques Seigne*: Gerasa. S. 21f., bes. die Karte „75" auf S. 21.
170 *Paul-Gerhard Klumbies*: Raumverständnis. S. 48.

ne Ausführungen nahelegen[171], zur Zeit des Markus keine römische Stadt mit strenger Axialiät, da Decumanus und Cardo dort nicht vor Mitte des 2. Jahrhunderts entstanden[172]. Doch trotz der seitdem gegebenen strengen Axialität weicht der Cardo wegen des Chrysorhoas, des heutigen Wadi Jerasch, um etwa 25° nach Osten von der Nord-Süd-Ausrichtung ab (ähnlich wie in Trier, dort merkwürdigerweise trotz des Süd-Nord-Verlaufs der Mosel); er erstreckt sich also nahezu von NNO nach SSW und dürfe damit nur begrenzt als Beispiel für eine Nord-Süd-Ausrichtung als vorrangige Grundorientierung im Raum taugen[173]. Gadara mit seiner unregelmäßigen Straßenführung wäre ein noch ungeeigneteres Beispiel[174].

Gerasa fehlt übrigens ebenso wie Gennesaret (6,53) im *Onomastikon*[175] des Eusebios von Caesarea, der, 264 geboren, fast sein ganzes Leben in Caesarea verbrachte, wo er seit 313 Bischof war. Ihm dürfte die Geographie Palästinas nicht unbekannt gewesen sein. Er nennt im *Onomastikon* unter Γ bei Ἀπὸ τῶν Εὐαγγελίων lediglich Gadara, Gergesa, Getsemani und Golgota.

Bleibt noch **Gergesa**, wo es nur Mutmaßungen gibt; denn der Ortsname ist außer bei Markus und den Kirchenvätern Origenes, Euseb, Epiphanius von Salamis, der zu Mt 8,28

---

171 Ebda.
172 *Jacques Seigne*: Gerasa. S. 9-12, ebenso der von Paul-Gerhard Klumbies zitierte Artikel „Gerasa" von *Thomas Leisten* in DNP. Bd. 4. Sp. 949f., dort Sp. 950; vgl. auch den Stadtplan in *Lukas E. Födermair*: Dekapolis. S. 273.
173 *Paul-Gerhard Klumbies*: Raumverständnis. S. 45-49, bes. S. 48.
174 S. *Adolf Hoffmann*: Topographie und Stadtgeschichte von Gadara/Umm Qais*. In: Adolf Hoffmann; Susanne Kerner (Hg.): Gadara. S. 98-124, dort bes. S. 110f., 124. Zum sehr unterschiedlichen Straßennetz der Dekapolis-Städte s. *Susanne Kerner*: Die Dekapolis-Städte – Der Versuch einer Zusammenfassung. In: Gadara. S. 146f.
175 Eusebius Werke. Bd. 3/1. Das Onomastikon der biblischen Ortsnamen. Hg. v. *Erich Klostermann*. Leipzig 1904. = GCS 11/1.

Handschriften als Zeugen für diese Lesart anführt und L 8,26 selber diese Lesart vertritt, sowie Theophylact von Ochrid nicht belegt (die Lesarten „Gergesener" bei Matthäus und Lukas dürften von Markus abhängig sein; s. u. S. 120). Es wird vermutet, daß Gergesa identisch mit der Ortslage von Koursi ist, das etwa 8 km südöstlich des Einflusses des Jordans in den See und südlich des Wadi es-Samak an einer der fischreichsten Stellen des Sees liegt.[176] Dort wurden Reste eines antiken Fischerhafens gefunden.[177] Außerdem sind 1970 die Ruinen einer großen Kirche aus dem frühen 5. Jahrhundert entdeckt worden[178] – und die einer Kapelle, deren Apsis in eine kleine Höhle hineinreicht[179]. Dies läßt darauf schließen, daß der Ort schon früh eine Pilgerstätte war. Die Ortslage dürfte zum Territorium von Hippos gehört haben.[180] Etwa einen Kilometer südlich von Koursi, wo bis 1967 die Grenze zwischen Israel und Syrien verlief, gibt es einen steilen Absturz, „44 m tief direkt in den See".[181]

Hippos, nur 350 m über dem See gelegen, ist bisher die einzige nachweisbar seit dem 2. Jh. v. Chr. besiedelte Stadt am Ostufer des Sees Gennesaret. Die Besiedelung erstreckte sich bis zum See, ihr Territorium reichte nach Norden

---

176 S. *Gustaf Dalman*: Orte. S. 190-192; *Clemens Kopp*: Die heiligen Stätten der Evangelien. 2. Aufl. Regensburg 1964. S. 283-287; *Joachim Gnilka*: Evangelium. 1. S. 200-202 mit Anm. 9; *Mendel Nun*: See. S. 166-172, 181f.

177 *Mendel Nun*: See. S. 168-171; *Sandra Fortner; Andrea Rottloff*: Fisch, Flachs und Öl. Wirtschaftliches Leben und Handel rund um den See Gennesaret in hellenistisch-römischer Zeit. In: Leben. S. 130-137, dort S. 133.

178 *AFP*: Kirche aus dem 5. Jahrhundert. In: FAZ. 3.1.1972. S. 2; *Sonia Halliday*: Israel. Biblische Stätten im Luftbild. Luftaufnahmen v. Sonia Halliday u. Laura Lushington. Text v. Tim Dowley. Gießen 1986. S. 36f.; *Mendel Nun*: See. S. 172-181.

179 *Mendel Nun*: See. S. 181.

180 *Gustaf Dalman*: Orte. S. 191.

181 *Mendel Nun*: See. S. 182.

bis zum Wadi es-Samak.[182] Im Süden dürfte, wie ein Blick auf eine topographische Karte zeigt, als natürliche Grenze der Jarmuk gedient haben. Das ergibt sich auch aus der Beschreibung der Ostgrenze Galiläas durch Josephus (BJ III 3,1): „Nach Osten zu wird Galiläa durch die Bezirke von Hippos, Gadara und der Gaulanitis begrenzt"[183].

Südlich des heutigen Kibbuz En-Gev liegende antike Hafenanlagen legen wiederum nahe, daß es sich bei Gergesa auch um den Hafen von Hippos gehandelt haben könnte.[184] Weitere antike Hafenanlagen am Ostufer hat Mendel Nun nachgewiesen.[185] Jedoch ist hier über nicht unbegründete Vermutungen kaum hinauszugelangen. Mendel Nun kommt auf Grund seiner Forschungen zu dem Schluß, „dass von den drei in den Evangelien vorkommenden Namen Gergesa derjenige ist, der am meisten in örtlicher Geographie und Tradition verankert scheint".[186]

Hippos, Gadara und Gerasa gemeinsam ist, daß deren Blütezeit, von der die erhaltenen Ruinen zeugen, erst nach dem 1. Jüdischen Krieg begann.[187] Bis dahin waren es kleine, nur wenige Hektar große Ackerbürgerstädte, die bis auf Gadara noch nicht einmal von Mauern um geben wa-

---

182 Vgl. *Clemens Kopp*: Stätten. S. 282; *Jürgen Zangenberg; Peter Busch*: Hippos. S. 119.
183 Flavius Josephus: Krieg. Bd. I. S. 321; s. a. ארץ ישראל 7-8/220-260 und *Willibald Bösen*: Galiläa. S. 22.
184 Vgl. Tübinger Bibelatlas. Karten B V 17.1 u. 18 (Nordteil); s. a.: *Mendel Nun*: See. S. 66-69; *Jürgen Zangenberg; Peter Busch*: Hippos. S. 119, u. Jos. Vita 31.
185 *Mendel Nun*: See. S. 15 u. 57-99: Insgesamt Überreste von 16 Häfen, je acht am West- und Ostufer, allerdings keiner sicher datiert.
186 *Mendel Nun*: See. S. 187.
187 *Arthur Segal*: Hippos-Sussita – Eine Stadt der Dekapolis am See Gennesaret in der hellenistischen und römischen Periode. In: Jürgen K. Zangenberg; Jens Schröter (Hg.): Bauern, Fischer und Propheten – Galiläa zur Zeit Jesu. Mainz 2012. S. 113-128, dort S. 115-119.

ren[188]. Denn „die urbane Landschaft der Dekapolisstädte wurde" erst „im 2. oder 3. Jh. n. Chr. endgültig festgelegt."[189] Doch zurück zur handschriftlichen Überlieferung von 5,1: Der älteste Zeuge für Gergesa ist **Origenes** (etwa 184/85 bis 254). Er äußert sich Jo. VI,41[190] zu diesem Ort, in dessen „Gebiet" Jesus laut 5,1 am Ostufer des Sees gelandet war. Origenes bereiste 215 und 218/19 Palästina und ließ sich vermutlich um 232 in Caesarea Maritima nieder, wo er u. a. seinen in Alexandria begonnenen Johanneskommentar beendete. In dieser Zeit besuchte er auch Antiochia und Bostra. Ihm dürften also die örtlichen Gegebenheiten in Palästina nicht völlig unbekannt gewesen sein. Er schreibt: *„Gerasa aber ist eine Stadt Arabiens* [d. h. der römischen Provinz *Arabia], die weder ein Meer noch einen See in der Nähe hat … Gadara ist eine Stadt Judäas* [70-135, also auch zur Zeit des Markus, römische Provinz, zu der damals u. a. Gadara gehörte[191], danach in der Provinz *Syria Palaestina* aufgegangen], *… einen See aber, an dem Abhänge sind, gibt es durchaus nicht bei ihr oder ein Meer."* Und er fährt fort: *„Aber Gergesa, … eine alte Stadt am See, der heute See von Tiberias genannt wird, in deren Nähe ist ein Abhang am See, von dem … die Schweine von den Dämonen hinab getrieben wurden",* und in Eusebs Onomastikon heißt es zu Gergesa bei Ἀπὸ τῶν Εὐαγγελίων unter Γ (s. o. S. 82f.): *„ein Dorf* [oder: *Flecken] auf dem Berg am See von Tiberias":* ἐπὶ τοῦ ὄρους κώμη παρὰ τὴν λίμνην Τιβεριάδος.

Origenes lebte etwa ein Jahrhundert vor der Zeit, in der die ältesten der Handschriften geschrieben wurden, auf denen unser heutiger Text von 5,1 fußt – 𝔓45 läßt uns hier leider im Stich –, und wirkte überdies viele Jahre in dem Land, in dem einst Jesus das „Evangelium Gottes" verkün-

---

188 Vgl. *Robert Wenning*: Dekapolis. S. 147.
189 *Artur Segal*: Hippos. S. 128.
190 Origenes Werke. Bd. 4. Der Johanneskommentar. Hg. v. *Erwin Preuschen*. Leipzig 1903. = GCS 10; vgl. auch Jo. X,12.
191 S. Tübinger Bibelatlas. Karte B V 17,2.

digt hatte (1,14). Darum sollte die Argumentation des Origenes nicht leichter Hand zur Seite geschoben werden, ganz gleich, ob Gergesa nun bei Koursi lag oder knapp südlich von En-Gev. Gadara oder Gerasa und deren Territorien grenzten auf jeden Fall nicht an den See Gennesaret. Origenes dürfte zudem auch in Mt 8,28 *„Gergesener"* gelesen haben, wie dessen fr. in Mt. 170f.[192] (zu Mt 8,34; s. u. S. 120) nahelegen.

Ich neige dazu, Origenes eher zu vertrauen als Schreibern des 4. Jahrhunderts oder noch späterer Zeiten, als die Dekapolis längst Vergangenheit war, und denen außerdem in der Regel eine eigene Kenntnis Palästinas gefehlt haben dürfte. Wer in *„Gadarenern"* oder *„Gerasenern"* wie auf vielen mittelalterlichen oder frühneuzeitlichen Landkarten Anlieger des Sees Gennesaret sah oder sieht[193], lebte oder

---

[192] Origenes Werke. Bd. 12/1 u. 2. Matthäuserklärung III. Fragmente u. Indices. Hg. v. *Erich Klostermann*. Leipzig 1941. = GCS 41/1 u. 2.

[193] Man werfe nur einen Blick auf die Tafeln 15, 23-25, 31, 36, 37 oder 39 in *Kenneth Nebenzahl*: Atlas zum Heiligen Land. Karten der Terra Sancta durch zwei Jahrtausende. Stuttgart 1995. Von den oben genannten vier Orten Gadara, Gerasa, Gergesa und Hippos ist auf der Tabula Peutingeriana (Taf. 4), deren Daten vermutlich noch aus dem 4. oder 5. Jahrhundert stammen, allein Gadara zu finden und sehr exakt eingezeichnet. Dagegen verortet eine auf Angaben des Klaudios Ptolemaios (um 150) fußende Karte aus dem Jahr 1474 (Taf. 2) Gadara östlich des Jordans zwischen Hule-See und See Gennesaret. Gerasa ist dort an die 40 km östlich des Jordanausflusses aus dem See Gennesaret gelegen, also etwa 50 km nördlicher als seiner geographischen Lage entspricht. Immerhin liegt keiner der beiden Orte auf diesen beiden Karten nahe am See.

lebt in einer Welt, die weder die Welt Jesu noch die des Evangelisten Markus gewesen sein dürfte. Zudem gilt noch immer: Es dürfte weit mehr bekannte Ortslagen geben, deren damaliger Name nicht zu ermitteln ist, als namentlich bekannte, deren Lage nicht oder nicht mit Gewißheit herauszufinden ist, wie die der von Markus erwähnten Orte Gergesa, Gennesaret, Dalmanuta oder Betphage.

Angemerkt sei noch, daß sich an 5,1 wie an 7,24.31 (s. u. S. 93-97) oder 10,1 (s. u. S. 102-105) aufzeigen läßt, daß in der Sekundärliteratur oft der Text der jeweils aktuellen Auflage des Nestle-Aland – gegenwärtig die 28., revidierte –, für gleichsam sakrosankt gehalten und nicht mehr hinterfragt wird, selbst wenn das dann zu Zweifeln an den Fähigkeiten des jeweiligen Autors einer neutestamentlichen Schrift führt, wie an den sehr unterschiedlichen Äußerungen

---

Spätestens im Mittelalter gab es trotz der Kreuzzüge nicht mehr hinreichend genaue Daten für Landkarten. Man verließ sich zunehmend auf die Bibel und ihre Vielfalt an Lesarten. Von den oben erwähnten Orten ist die Lage von Hippos, obwohl in der Bibel nicht erwähnt, noch am häufigsten halbwegs zuverlässig wiedergegeben. Gerasa ist mehrfach (Taf. 35, 49, 55, 57 [aus dem Jahr 1745!]) mit Gergesa verbunden, das auf der Mercator-Karte (Taf. 24) auf der Höhe von En Gev zu finden ist. Viele der Karten, auf denen Gadara und/oder Gerasa eingezeichnet sind, versetzen beide Orte in Gegenden östlich des Sees Gennesaret, teils am Ufer, teils in Ufernähe, teils weiter entfernt, teils nördlich des Wadi es-Samak, teils südlich davon (vgl. z. B. Taf. 15, 36, 42, 48, 57).

Wie man sich freilich in der Zeit des Markus die Kenntnis der Ortslage von Gerasa „auch durch die Landkarte aneignen konnte" (*Joachim Gnilka*: Evangelium. 1. S. 201), ist mir etwas rätselhaft angesichts dessen, was über Landkarten der Antike bekannt ist (vgl. dazu *F[rançois] Lasserre*: Kartographie. In: LAW. Bd. 2. Zürich 1965. Sp. 1496-1501, dort bes. Sp. 1501; *Richard Talbert*: Kartographie. In: DNP. Bd. 6. Stuttgart 2003/2012. Sp. 302-307, dort Sp. 306; *Michael Rathmann*: Die Tabula Peutingeriana im Spiegel der antiken Kartographiegeschichte. AW (5/2016) S. 59-68).

zu den oben genannten Ortsangaben im Markusevangelium zu sehen ist.

Nachdem Jesus die „unreinen Geister" aus dem Besessenen ausgetrieben und in eine Herde Schweine hatte fahren lassen, stürzten diese *„den Hang hinunter in den See"* (5,13). So um ihre Herde gebracht, meldeten die Hirten dies *„in der Stadt und in den Weilern"* (5,14) und baten Jesus, *„aus ihrem Gebiet"* wegzugehen (5,17). Den Geheilten schickte Jesus *„nach Hause"* (5,19) mit dem Auftrag, den Seinen das ihm Geschehene zu verkündigen, was er *„in der Dekapolis"*[194] auch tat (5,20).

Wie später in 7,24-30.31-37; 8,1-9.22-26; 8,27-9,29 bezieht Markus ganz selbstverständlich das Wirken Jesu in den überwiegend von Heiden bewohnten Gebieten in das Evangelium ein, zumal in den dort genannten Gegenden damals auch Juden lebten. 7,25f. spricht keineswegs dagegen, ging es doch hier ausdrücklich um die Begegnung mit einer „Griechin" (s. u. S. 92f.).

Abermals stieg Jesus *„ins Boot"* (5,18) und fuhr *„an das jenseitige Ufer"*, jetzt also an das galiläische, und viel Volk versammelte sich bei ihm, der sich *„am See"* aufhielt (5,21). Er heilte eine Frau vom Blutfluß und ging dann *„in das Haus des Synagogenvorstehers"* (5,38), wo er dessen Tochter auferweckte. An welchem Ort dies geschah, bleibt offen. Danach begab sich Jesus

---

[194] Was *Bärbel Bosenius*: Raum. S. 104, mit „(restliche) Dekapolis" meint, ist unklar. Immerhin erstreckte sich dieses Gebiet mutmaßlich von Koursi aus an die 100 km bis Damaskus nach Nordosten, um gut 90 km bis Kanatha gen Osten und etwa 100 km bis Philadelphia nach Süden.

"in seine Vaterstadt", und lehrte *"in der Synagoge"* (6,1f.). Die Synagoge begegnet hier zum letzten Mal als Ort seines Lehrens. Anschließend zog er *"in den Dörfern ringsum"* umher *(6,6)*. Es folgen die Aussendung der Jünger und die Geschichte von der Ermordung des Täufers. Nach der Rückkehr der Jünger hieß Jesus sie, *"für sich an einen einsamen Ort"* zu fahren, und sie fuhren *"im Schiff an einen einsamen Ort für sich"* (6,31f.; s. o. Anm. 99). Da hier *"an das jenseitige Ufer"* fehlt, ist unklar, wo sich dieser einsame Ort befindet, ob noch am Westufer oder am Ostufer. Weil jedoch als nächstes eine Überfahrt *"an das jenseitige Ufer nach Betsaida"* anstand (6,45), dürfte der Evangelist das Westufer gemeint haben. Als sie dort ankamen, fanden sie bereits eine große Menge *"aus allen Städten"* vor (6,33). Daß hier manche zu Fuß denen im Boot zuvorkamen, ist durchaus realistisch: Die, die Jesus haben abfahren sehen (6,33a), waren zu Fuß sicher eher da als das langsame, von vier Männern geruderte oder gesegelte Boot[195], das auf seiner Fahrt parallel zum Ufer schwerlich schneller als 1 bis höchstens 1,5 Knoten gewesen sein dürfte (s. o. S. 67). Da es schon spät geworden war, schlugen ihm die Jünger vor, die Leute *"in die umliegenden Weiler und Dörfer"* zu schicken, um Essen zu kaufen (6,36). Stattdessen ließ er die Menge sich *"auf dem grünen Gras"* lagern (6,39).

Nach der Speisung der 5000 nötigte[196] Jesus die Jünger, in das *"Boot"* zu steigen und *"an das jenseitige*

---

[195] S. o. S. 66-67.
[196] Hier könnte ἠνάγκασεν ein Hinweis auf das sein, was ab V. 48 folgt.

Ufer nach Betsaida" (6,45) vorauszufahren (6,48)[197]. Er blieb an Land zurück und stieg *„auf den Berg"*, um zu beten (6,45f.). Wie schon bei 3,13 ist offen, um welchen Berg es sich handelt (s. o. Anm. 99).[198] Als er sah, daß seine Jünger wegen Gegenwinds beim Rudern in Schwierigkeiten gerieten, wandelte er *„über den See"* zu ihnen und stieg *„in das Boot"* (6,48-51). Vermutlich durch den widrigen Wind abgetrieben, landete das Boot statt in Betsaida in *„Gennesaret"*, wo sie *„aus dem Boot"* stiegen (6,53f.).[199] Hier dürfte nicht der Ort Kinneret, heute Tell el-Oreme, gemeint sein, der bereits 733 v. Chr. von Tiglat Pileser III. zerstört wurde und aus der Geschichte verschwand, sondern wohl die fruchtbare Ebene Ginnosar (Gennesar, so D it vg^{mss} sy^p bo^{ms}) südwestlich davon, gut eine Wegstunde von Kafarnaum entfernt – oder, und das halte ich wegen ὅλην τὴν χώραν (6,55) für weniger wahrscheinlich, daß es sich wie bei Gergesa, Dalmanuta und Betphage auch bei Gennesaret, das ebenso wie Gennesar in Kafarnaum Eusebs *Onomastikon* fehlt, um einen der Orte han-

---

[197] *Bärbel Bosenius*: Raum. S. 218, läßt wieder eine „Segeltour" stattfinden, obwohl eindeutig gerudert wird ...

[198] Dieser Berg „muß" nicht unbedingt am Ufer gelegen sein (so *Bärbel Bosenius*: Raum. S. 223), um ein gut 9 m langes Boot auf dem Wasser auch noch in einiger Entfernung auszumachen. Überdies befinden wir uns hier sowieso im Bereich des Fiktionalen und Mythischen (s. 6,48b-51).
Wenig wahrscheinlich ist auch, daß die Abfahrt von Kafarnaum aus erfolgte (so *Bärbel Bosenius*: Raum. S. 192f.), weil das nur 4 km (s. *Willibald Bösen*: Galiläa. S. 30) entfernte Betsaida von dort aus vermutlich normalerweise um einiges schneller zu Fuß als mit einem Boot zu erreichen war (s. ארץ ישראל, ג/7).

[199] *Gustaf Dalman*: Orte. S. 189, berichtet von einem ähnlichen Erlebnis im Jahr 1908.

deln könnte, dessen genaue Lage unbekannt ist, der jedoch auf jeden Fall am Westufer zu suchen wäre.

Nach Mendel Nun[200] bestand hier seit dem 2. Jahrhundert v. Chr. wieder eine jüdische Siedlung mit einem inzwischen entdeckten, eher großen Hafen mit zwei Zufahrten. In der talmudischen Tradition „ist Kinneret Gennesar".

Rasch verbreitete sich die Nachricht durch *„jenes ganze Land"*, daß Jesus da sei, und wo er auch hinging, sei es *„in Dörfer oder in Städte oder Weiler"*, setzten sie die Kranken *„auf die Marktplätze"*, und sie wurden gerettet (6,55f.). Pharisäer und Schriftgelehrte kamen aus *„Jerusalem"* und stritten mit Jesus über Rein und Unrein. Dann ging er *„nach Hause"* (7,17; vgl. 2,1)), also in das nahe gelegene Kafarnaum. Auf die Frage der nach wie vor unverständigen Jünger, was es mit Rein und Unrein auf sich habe, belehrte er sie, was das Rätselwort über Rein und Unrein zu bedeuten habe. Wie schon in 1,14 bis 4,34 ist auch in 4,35 bis 7,23 das markinische Itinerar Jesu ohne Probleme mit der realen Topographie und Geographie Galiläas und der Dekapolis vereinbar.

Von Kafarnaum brach Jesus *„in das Gebiet von Tyrus und Sidon"* auf, εἰς τὰ ὅρια Τύρου καὶ Σιδῶνος (7,24a – ein Zäsurvers wie zuvor schon 4,35). Wo die Jünger unterdessen blieben, läßt uns der Evangelist nicht wissen; sie begegnen erst wieder in 8,1. Tyrus und Sidon wurden von Markus bereits 3,8 erwähnt. Jesus war also dort kein Unbekannter. Hier heilte er die Tochter einer „Griechin, von Herkunft Syrophönizierin" (7,26).

---

200 *Mendel Nun*: See. S. 89f.

Diese Wendung ist typisch für Markus. Wie bei etlichen Orts- und Zeitangaben (s. u. S. 96) bestimmt die zweite Angabe die erste näher: Die Frau war eine kulturell und religiös hellenisierte, mithin der Oberschicht angehörende Syrophönizierin, also Einheimische (vgl. dazu Lukian, Deor. Cons. 4[201]), und damit in doppeltem Sinn eine Heidin. Hier wird keineswegs „geographisch unspezifisch von einer 'Syrophönizierin' gesprochen"[202], sondern die Herkunft der Frau näher beschrieben und zugleich verdeutlicht, daß mit dem „Gebiet von Tyros und Sidon" Syrophönizien gemeint ist.

An dieser Stelle taucht ein Rand(?)problem auf, dem in den Markuskommentaren von – ich nenne eine ziemlich zufällige Auswahl – Vincent Taylor (2. Aufl. 1966), Ernst Haenchen (2. Aufl. 1968), Erich Klostermann (5. Aufl. 1971), Joachim Gnilka (1978), Dieter Lührmann (1987), Peter Dschulnigg (2007) m. W. keine Aufmerksamkeit gewidmet wird[203]: Unterstellt, die Begegnung Jesu mit dieser hellenisierten Syrophönizierin habe sich – wie auch immer – tatsächlich ereignet, in welcher Sprache fand das Gespräch zwischen den beiden statt? Sprach die Frau griechisch, also Koine? Oder war sie zweisprachig wie vermutlich nicht wenige Menschen im damaligen vorderen Orient und sprach auch aramäisch? Und wie antwortete Jesus? Aramäisch oder vielleicht doch griechisch? Zweisprachigkeit war

---

201 Luciani opera. Recognovit brevique adnotatione critica instruxit M[atthew] D[onald] Macleod. Tomus III. Libelli 44-68. Oxford 1980. Libellus 52, wo ein männliches Pendant in Gestalt des Διόνυσος Συροφοίνικος begegnet, der jedoch οὐδὲ Ἕλλην μητρόθεν ist.

202 *Petr Pokorný; Ulrich Heckel*: Einleitung in das Neue Testament. Seine Literatur und Theologie im Überblick. Tübingen 2007. S. 376. = UTB 2798.

203 Das gilt ebenso für *Gerd Theißen*: Urchristliche Wundergeschichten. Ein Beitrag zur formgeschichtlichen Erforschung der synoptischen Evangelien. Gütersloh 1974. S. 130; anders jedoch später in: *Ders.*: Lokalkolorit. S. 72f.

im stark hellenisierten Galiläa verbreitet.[204] Markus sah hier offenbar kein Problem; Matthäus hingegen umging das Problem elegant, indem er die griechische Syrophönizierin, die Ἑλληνὶς Συροφοινίκισσα, in eine Χαναναία, eine Kanaanäerin, verwandelte (Mt 15,22). Damit war das Sprachproblem erledigt. Fand es deswegen so gut wie keine Beachtung? Doch dies nur nebenbei.

Die Frau hatte Jesus aufgespürt, obwohl er unbekannt bleiben wollte. Nach der Heilung ihrer Tochter kam er *„wieder"*[205], ohne sich weiter nach Norden zu wenden – was auch keinen Sinn gehabt hätte, da Markus wie alle Evangelisten von dort nichts zu berichten wußte –, *„aus dem Gebiet von Tyrus und Sidon an den Galiläischen See inmitten des Gebietes der Dekapolis"* (7,31; vgl. Plin. nat. 5,74.77). Das wäre das Ostufer, vermutlich zwischen dem Wadi es-Samak und dem Ausfluß des Jordans. Die hier gewählte Lesart der Ortsangabe weicht wie die in 7,24 von mir bevorzugte von denen des Nestle-Aland[28] ab und bedarf einer Erläuterung:

In 7,24 haben wir es mit zwei Varianten zu tun: Jesus brach *„von dort"*, nämlich von *„zu Hause"* (7,17), also Kafarnaum, auf und begab sich

  a: *„in das Gebiet von Tyrus"* (D L W Δ Θ 28. 565 it sy^s; Orig [comm. in Mt. XI 16[206]]) oder

---

204 Vgl. *Willibald Bösen*: Galiläa. S. 148 u. 156-158; *Gerd Theißen*: Lokalkolorit. S. 72f.
205 Πάλιν, was voraussetzt, daß Jesus zuvor dort war, wie 5,1-20 ausweisen.
206 Origenes Werke. Bd. 10. Matthäuserklärung I. Die griechisch erhaltenen Tomoi. Hg. v. *Erich Klostermann*. Leipzig 1935. = GCS 40.

b: „*in das Gebiet von Tyrus und Sidon*" (ℵ A B K N Γ *f*¹·¹³ 33. 579. 700. 892. 1241. 1424. 1646. 2542. *l* 2211 𝔐 lat sy^{p.h} co).

In 7,31 geht es um drei Lesarten, denn nach vollbrachter Heilung kam Jesus „*wieder*", nachdem er weggegangen war

c: „*aus dem Gebiet von Tyrus durch Sidon*" (ℵ B D L Δ Θ 33. 565. 700. 892 lat sa^{mss} bo) oder

d: „*aus dem Gebiet von Tyrus und Sidon*" (𝔓⁴⁵ A K N W Γ 0131 *f*¹·¹³ 28. 1241. 1424. 1646. 2542. *l* 2211 𝔐 q sy sa^{mss}) oder

e: „*aus dem Gebiet von Tyrus*" (579) „*an den Galiläischen See inmitten des Gebietes der Dekapolis.*"

Nestle-Aland²⁸ hat als Text die Kombination **ac**, die nur von D L Δ Θ 565 it geboten wird, also nicht besonders gut bezeugt ist. Die Kombination **ad** finden wir lediglich in W 28 q sy^s, **bc** in ℵ B 33. 700. 892 lat sa^{mss} und **be** allein in 579.

Die Ortsangaben in 7,24 und 31 in der von mir bevorzugten Kombination **bd** verfügen mit den Handschriften A K N Γ *f*¹·¹³ 1241. 1424. 1646. 2542. *l* 2211 𝔐 it^q sy^{p.h} sa^{mss} über eine solide Basis. Beide Ortsangaben bedingen einander zweifellos, und nur diese Kombination hat Sinn: Jesus verläßt das Territorium, in das er zuvor gegangen war (s. u.)²⁰⁷. Ähnliche Wendungen mit einem Rückverweis wie in 7,31 auf 7,24 finden sich mit ἐκεῖθεν oder κἀκεῖθεν in 6,1 (5,21); 9,30 (9,28); 10,1 (9,33), sind also für Markus nicht ungewöhnlich. Wenig hilfreich ist hier Joachim Gnilkas Bemerkung: „Seine Wanderung führte ihn nach Sidon, das heißt wohl, das Gebiet von Sidon"²⁰⁸, was den Weg Jesu zwar möglicherweise etwas verkürzt hätte, jedoch: Warum fehlt dann eine Wendung wie τῶν μερῶν o. ä. vor Σιδῶνος? Jesus mied nach den Berichten aller Evangelien – mit Ausnahme

---

207 Leider fehlt 𝔓⁴⁵ zu 7,24, hat aber in 7,31 die von mir bevorzugte Lesart, was eher dafür spricht, daß er sie wie fast alle Handschriften – anders nur in D L W Δ Θ 28. 565 it sy^s – auch in 7,24 gehabt haben dürfte.

208 *Joachim Gnilka*: Evangelium. 1. S. 296.

Jerusalems – die größeren Städte, zu denen Sidon zweifellos zu zählen war (s. auch Orig. comm. in Mt. XI,16).

Matthäus hat die erste Ortsangabe des Markusevangeliums übernommen – nicht umgekehrt! –, aber ὅρια gegen μέρη getauscht (Mt 15,21 ‖ Mk 7,24). Die zweite verkürzt er zu „und Jesus ging von dort weg und kam an den Galiläischen See" (Mt 15,29 ‖ Mk 7,31). Aufschlußreich ist eine Bemerkung des Origenes (comm. in Mt. XI 18) zu letzterer Stelle, wo Matthäus die markinische Ortsangabe, gleich wie sie gelautet haben mag, durch ἐκεῖθεν ersetzt hat. Er kommentiert dies so: δῆλον δὲ ἐκ τῶν προειρημένων, ὅτι ἀπὸ τῶν μερῶν Τύρου καὶ Σιδῶνος ἦλθε. Diese Schlußfolgerung ist logisch: Jesus konnte nur den Ort oder das Territorium verlassen, wohin er zuvor gegangen war (s. o.). Das bedeutet, auf Markus übertragen, daß die Kombination **bd** der ursprüngliche Text im zweiten Evangelium gewesen sein dürfte (vgl. dazu u. S. 107 zu 10,46a.b). Origenes nennt comm. in Mt. XI 16 εἰς τὰ ὅρια Τύρου als Text von 7,24, erwähnt jedoch nirgendwo den von 7,31, der nach seinen Vorgaben in Comm. in Mt. XI 18 mit 579 ἐκ τῶν ὁρίων Τύρου sein müßte. Eine solche Kombination **ae**, die der gleichen Logik wie der in seiner Bemerkung folgte, fehlt jedoch – nicht nur – in seinen Schriften.

Markus zeigt hier wie bereits zuvor in 3,7f., daß er eine beachtliche Kenntnis der von ihm erwähnten Territorien und Orte des Geschehens hat. *„Tyrus und Sidon"* werden in der Antike hin und wieder formelhaft zusammen genannt (z. B. Jos. AJ VIII 13,1; XV 4,1; Philostratos, Her. 1,1[209]) – die mutmaßliche Ausdehnung von deren Territorien läßt sich dem Bibelatlas entnehmen[210]. Und von Kafarnaum war es nicht weit dorthin: Das in Syrophönizien gelegene tyrische Kedesch (Kadasa; Jos. BJ II 18,1; IV 2,3) etwa war nur gut 25 km Luftlinie entfernt. *„Tyrus und Sidon"* ist bei Markus wie auch bei Matthäus und Lukas *(Mt 11,21f. ‖ L 10,13f.; L 6,17 ‖ Mk 3,8)* ein fester Begriff, der hier in 7,24.31 und – textlich nicht umstritten – in 3,8 als Synonym für das heidnische Syrophönizien steht, das seit 64 v. Chr. zur römi-

---

209 *Walter Bauer*: Wörterbuch. S. v. Σιδών; vgl. auch *Bärbel Bosenius*: Raum. S. 231 mit Anm. 142.
210 *Yohanan Aharoni; Michael Avi-Yonah*: Bibelatlas. Karte 232.

schen Provinz *Syria* gehörte und wo durchaus auch Juden wohnten (vgl. Jos. BJ II 21,1). Dort suchte eine hellenisierte Syrophönizierin Jesus auf (7,26). Markus läßt Jesus also nach Syrophönizien wandern und es dann wieder mit dem Ziel „*Galiläischer See*" verlassen, ein Ziel, das mit „*inmitten der Dekapolis*"[211] näher beschrieben wird. Das ist eine typisch markinische Wendung, die an dieser Stelle wie öfter zwei Orts- oder Zeitangaben miteinander verbindet, von denen die zweite jeweils die erste näher erklärt (vgl. etwa 1,9.28; 5,1; 6,45.53; 7,31; 11,1.11.15; 13,3; 14,3; 15,16 bzw. 1,32.35; 4,35; 14,1.30; 15,42; 16,2). „*An den Galiläischen See inmitten der Dekapolis*" meint hier also das Ostufer des Sees (vgl. Mt 15,29), vermutlich im Territorium von Hippos (vgl. 8,10; s. o. S. 83-85), und auf gar keinen Fall irgendeinen fernab des Sees Gennesaret gelegenen Ort.[212]

---

211 Zu ἀνὰ μέσον s. A Greek-English Lexicon. Comp. by Henry *George Liddell* and *Robert Scott*. A New Ed. Rev. and Augm. throughout by Henry Stuart Jones with the Assistence of Roderick McKenzie. 9. Ed. Repr. Oxford 1958. S. 98a unter ἀνά C. IV u. S. 1107b unter μέσος V.

212 Ziemlich abenteuerlich mutet der Vorschlag von *Friedrich Gustav Lang*: „Über Sidon mitten ins Gebiet der Dekapolis". Geographie und Theologie in Markus 7,31. ZDPV 94 (1978) S. 145-160, an, daß nach Markus der Weg Jesu von Tyrus an den See Gennesaret über Damaskus geführt habe (S. 160), und nicht minder abenteuerlich die Hypothese von *Bärbel Bosenius*: Raum. S. 233f., in 7,31 noch eine „Bootstour" über den See unterzubringen, die uns Markus leider vorenthält, und sie, wie schon die Wanderung in das Gebiet von Tyrus und Sidon (7,24), „am Seeufer von Kapernaum in der Ginnosarebene" beginnen zu lassen (S. 234) – eine in der Tat „merkwürdig erscheinende Reiseroute" (S. 234). Nur liegt Kafarnaum weder in der „kognitiven Karte" des Markus noch in der Realität in der Ginnosarebene, wie Willibald Bösen: Galiläa. S. 59, M 32, und einschlägige Karten ausweisen (z. B. Palästina. 1:700.000; Israel. 1:250.000. North, oder Palästina. 1:300.000. Blatt Nord). Hier gehen auch die Überlegungen von *Gerd Theißen*: Lokalkolorit. S. 254f. fehl, denn Plinius beschreibt die Levante von Ägypten kommend, also von Süd nach Nord (Plin. nat. V 48-64) und nicht umgekehrt.

Die Varianten in 7,24 und 7,31 legen nahe, daß viele Schreiber mit den historisch-topographischen Verhältnissen nicht oder nicht mehr vertraut waren und darum die Ortsangaben wie schon in 5,1 in ihrem Sinn „verbesserten". Weder 7,31 noch 5,1 enthalten also „unklare oder fehlerhafte geographische Angaben"[213]. Wie etlichen Schreibern scheint noch heute manchen Kommentatoren entgangen zu sein, was Julius Wellhausen schon vor über einem Jahrhundert auffiel, daß Markus nämlich bei den Wanderungen Jesu keine Zwischenstationen (wie die Lesart c in 7,31) nennt – anders als etwa L 17,11; Act 14,24; 16,6.11 oder 17,1 –, sondern nur den Endpunkt.[214] Denn die verhältnismäßig wenigen Namen von Orten und Territorien, über die der Evangelist verfügt, sind stets mit irgendwelchen Vorkommnissen verbunden.

Nach Heilung eines Taubstummen (7,32-37), den Jesus „für sich" abseits geführt hatte (7,33), und der Speisung der 4000 (8,1-9) in einer „Einöde" (8,4) – „auf die Erde" (8,6) läßt anders als 6,39 keinen Schluß auf eine bestimmte Jahreszeit zu – stieg er mit den Jüngern „in das Boot" und fuhr „in das Gebiet von Dalmanuta" (8,10, so mit ℵ A B C K L Γ Δ 0131. 0274. 33. 579. 700. 892 𝔐 l (q) vg sy^h sa bo). Über diesen Ort ist nichts be-

---

213 So *Eve-Marie Becker*: Markus-Evangelium. S. 222.
214 *Julius Wellhausen*: Das Evangelium Marci. Berlin 1903. S. 60.

kannt[215], was die Schreiber zu etlichen Änderungen des Ortsnamens veranlaßte, die durchweg wie in 5,1 sekundär sein dürften. Nach einer Auseinandersetzung mit Pharisäern stieg er wieder *„ins Boot"* und fuhr *„zum gegenüberliegenden* [östlichen] *Ufer"* des Sees *„nach Betsaida"* (8,13.22), das heute meistens in et-Tell östlich des Jordans unweit von dessen Einmündung in den See lokalisiert wird. Während der Überfahrt ging es im Gespräch zwischen Jesus und den Jüngern wieder einmal darum, daß die Jünger nicht verstanden. In Betsaida, das damals zum Territorium des Philippus gehörte, heilte Jesus *„außerhalb des Dorfes"* (8,23; vgl. u. S. 107 zu 10,46a.b) einen Blinden.[216]

---

215 Zu einer einleuchtenden, möglichen Bedeutung des Namens s. *Klaus Seybold*: Dalmanutha (Mk 8,10). In: *Ders.*: Unterwegs zum Alten Testament. Exkursionen in die biblische Welt. Münster 2010. S. 237-247, dort S. 239-242. = Beiträge zum Verstehen der Bibel 19: Dalmanuta könnte an der Mündung des Zalmon, der zwischen den israelischen Neugründungen Migdal und Ginnosar in den See fließt, gelegen haben und der Name „Uferregion des Zalmon" bedeuten. *Bärbel Bosenius*: Raum. S. 17, schließt zu Recht nicht aus, daß „die zeitgenössischen Hörer und Hörerinnen des Evangeliums ... eventuell auch Dalmanutha in der kontextuellen Welt verorten" konnten (was gleichfalls für Gergesa [5,1] und Gennesaret [6,53] gelten dürfte).

216 8,22 ist nicht zu entnehmen, woher der Blinde kommt und wo *„sein Haus"* (8,26) steht. Mit „Dorf" kann durchaus Betsaida gemeint sein, wo er sich nicht sehen lassen soll – was den sonstigen Schweigegeboten wie in 1,44; 5,43 oder 7,36 entspräche. Anders als *Eve-Marie Becker*: Konzepte von Raum in frühchristlichen Geschichtserzählungen. Vom markinischen Chronotop zur *spatial history* des Lukas. In: Evangelist. S. 103-115, dort S. 110 Anm. 36, sehe ich die narrative Zäsur erst in 9,33[50] und nicht in „8,22ff.".

Zwar war Betsaida[217], das damals vermutlich noch Seeanschluß hatte, um 30 von Philippus das Stadtrecht verliehen und in Iulias umbenannt worden (Jos. AJ XVIII 2,1; BJ II 9,1). Philippus starb schon 34, so daß weiter reichende Planungen, falls sie bestanden, nicht mehr verwirklicht wurden. „Dorf" dürfte daher den Zustand zur Zeit Jesu wie auch der des Markus angemessen beschreiben.[218] Wie Josephus zeigt, war jedoch zur Zeit des Markus der alte Name Betsaida entweder noch oder schon wieder geläufig.

Jesus zog mit seinen Jüngern weiter *„in die Dörfer von Caesarea Philippi"* (8,27), von Philippus zu seiner Residenzstadt ausgebaut (Jos. AJ XVIII 2,1).

Von Agrippa II. war die Stadt im Jahr 61 zu Ehren Neros in Neronias umbenannt worden (Jos. AJ XX 9,4). Bald nach dessen Tod (68), vermutlich schon unter Vespasian (69-79), dürfte sie wie das kilikische Neronias abermals umbenannt worden sein und ihren alten Namen wieder erhalten haben, wie Jos. BJ III 9,7 u. VI 2,1 nahelegen. Auch das spricht für eine Datierung des Evangeliums nach 70.

„Auf dem Weg" (8,27) folgte dem Christus-Bekenntnis des Petrus (8,29) die erste der drei Leidensankündigungen Jesu (8,31).

---

217 Betsaida gehörte trotz J 12,21 weder zur Zeit Jesu noch der des Markus (vgl. Plin. nat. V 71) zu Galiläa (s. Tübinger Bibelatlas. Karten B V 17 u. 18). Auf der „kognitiven Karte" des Markus war, anders als *Bärbel Bosenius*: Raum. S. 176, behauptet, Betsaida kein galiläischer Ort. Auch zeitgenössische Rezipienten (ebda. Anm. 267) werden gewußt haben, daß Galiläa westlich des Jordans und des Sees Gennesaret liegt und nicht östlich.

218 S. *Sandra Fortner*: Betsaida/Iulias in hellenistisch-römischer Zeit – Von der *komé* zur *pólis* des Philippus. In: Leben. S. 104-109; *Heinz-Wolfgang Kuhn*: Betsaida und das Neue Testament. In: Leben. S. 164-167; zum Seeanschluß s. dort S. 165f.

Legt man den Wortlaut der drei Leidensankündigungen nebeneinander, scheint auf, wie gut der Evangelist zu erzählen und zu gewichten weiß[219]: In der ersten lenkt nach dem einleitenden δεῖ fast die Hälfte der Wörter die Aufmerksamkeit des Lesers auf die, die auf den Tod Jesu aus sind: die Ältesten, Hohenpriester und Schriftgelehrten (vgl. 11,27) und damit zugleich mittelbar auf das Ziel des letzten Weges Jesu, auf Jerusalem.

In der zweiten Leidensankündigung (9,31), der mit Abstand kürzesten, ist mehr als die Hälfte ihrer wenigen Wörter für das Schicksal Jesu in Jerusalem aufgewandt, ohne daß dieser Name fällt. Sie lebt vom Gegensatz ὁ υἱὸς τοῦ ἀνθρώπου – εἰς χεῖρας ἀνθρώπων und ist bis auf μετὰ τρεῖς ἡμέρας völlig anders formuliert als die erste, an die sie gleichsam nur erinnert.

Die dritte Leidensankündigung setzt in 10,33 mit ἀναβαίνομεν εἰς Ἱεροσόλυμα ein, dem Ziel des letzten Weges Jesu, das in den anderen nur angedeutet ist. Markus greift dort Gesagtes auf und erweitert es um eine detaillierte Schilderung des Kommenden (vgl. 14,1f.43.64; 15,1.15.19f.). Zwei Drittel der Wörter entfallen auf diese Schilderung, die sich deutlich von denen der ersten beiden Leidensankündigungen unterscheidet, auf die sie aber mit „Hohenpriestern und Schriftgelehrten" (8,31) sowie ὁ υἱὸς τοῦ ἀνθρώπου (9,31) unübersehbar zurückweist.

Dreierlei ist den Leidensankündigungen gemeinsam: als Ort das Auf-dem-Weg- (8,27; 10,32) bzw. Unterwegs-Sein (9,30), das Fehlen Dritter neben Jesus und den Zwölfen, und das – vom Ende des Evangeliums her gesehen – Wichtigste, daß nämlich der Menschensohn nach drei Tagen auferstehen wird. Von einer Erscheinung des Auferstandenen ist jedoch keine Rede.

---

[219] Ähnlich Lukas in Act 9,1-19; 22,3-16; 26,9-18.

Nach Worten über die Nachfolge an das Volk und die Jünger (8,34-9,1) begab sich Jesus mit Petrus, Jakobus und Johannes *„für sich allein auf einen hohen Berg"* (9,2). Dessen Lage – irgendwo zwischen Caesarea Phiippi (8,27) und Galiläa (9,30) – ist genau so wenig zu ermitteln wie die der Berge in 3,13 und 6,46 (s. o. Anm. 99). Doch ist das Hule-Tal beidseits völlig von Bergen umgeben, die das Tal um 350 bis 700 m überragen[220]. Nach der Verklärung stiegen sie *„vom Berg herab"* (9,9). Dabei belehrte Jesus die drei Jünger über das Geschehene. Unten angekommen und wieder mit den übrigen Jüngern vereint, befreite Jesus einen Knaben, der vermutlich an epileptischen Anfällen litt, von einem Dämon. Danach ging er *„ins Haus"*, wo ihn die weiterhin unverständigen Jünger, als sie *„für sich allein"* mit ihm waren (9,28), fragten, warum sie diesen Dämon nicht hatten austreiben können.

Im Kontext fehlt ein plausibler Grund, dieses Haus in Kafarnaum zu verorten, wie es Bärbel Bosenius vorschlägt[221]. Das Haus liegt nach Markus irgendwo auf dem Weg zwischen dem *„hohen Berg"* (9,2) und *„Galiläa"* (9,30), das von Caesarea Philippi aus etwa über die „Straße zum Meer" mühelos erreichbar war[222]. Der Evangelist gebraucht οἰκία und οἶκος polysem und unterscheidet auch nicht immer zwischen ihnen (vgl. nur 2,1 mit 9,33!)[223]. Es dient hier (und in 7,24; 9,28; 10,10) wie die Wendungen κατὰ μόνας (4,10), κατ' ἰδίαν (4,34; 6,31f.; 7,33; 9,28; 13,3),

---

[220] *Yehuda Karmon:* Israel. S. 131.
[221] *Bärbel Bosenius:* Raum. S. 144.
[222] S. *Yohanan Aharoni:* Land. S. 45; *Yehuda Karmon:* Israel. S. 131.
[223] So unterscheidet Markus jedoch z. B. in 3,20-27 zwischen der οἰκία, in der Jesus und die Jünger sich befinden, und dem οἶκος des Gleichnisses.

ἀπὸ τοῦ ὄχλου (7,17.33) oder κατ' ἰδίαν μόνους (9,2) im Rahmen des Messiasgeheimnisses dazu, Jesu und der Jünger Absonderung vom Volk anzuzeigen.

Jesus begab sich mit den Jüngern von dort weg und zog *„durch Galiläa"* (9,30), das an das Südwestufer des Hule-Sees grenzt. Nach der zweiten Leidensankündigung (9,31; s. o. S. 100) kamen sie *„nach Kafarnaum". „Zu Hause"* angelangt, fragte Jesus, was sie *„auf dem Wege"* untereinander besprochen hätten (9,33f.). Ihr unverständiges oder verstocktes Schweigen beantwortete er mit seiner Rede über die richtige Nachfolge. Der Kreis schließt sich: Von *„zu Hause"*, von *„Kafarnaum"* war Jesus einst aufgebrochen (1,21 mit 2,1), um wandernd das *„Evangelium Gottes"* zu verkündigen, angefangen in *„Galiläa"* (1,14), und dort endete nun sein Wirken in und um Galiläa.

Von eben diesem Ort und seinem Zuhause in Galiläa begab er sich mit seinen Jüngern auf die letzte Wanderung, die zunächst – auf welchem Weg auch immer[224] – *„in das Gebiet von Judäa [und] jenseits des Jordans"* führte (10,1a, mit ℵ B C* L Ψ 0274. 892 co – abermals ein unübersehbarer Zäsurvers).

Die Frage ist hier wie schon bei 5,1; 7,24.31 (o. S. 72-79 u. 93-97), ob und wenn ja, wie gut Markus mit den politisch-geographischen Verhältnissen der damaligen Zeit vertraut war. Die von A K N Γ 700 M sy^h vertretene Variante διὰ τοῦ πέραν dürfte ausscheiden, weil Markus keine Zwischenstationen zu nennen pflegt (s. o. S. 97 zu διὰ Σιδῶνος in 7,31).

---

[224] Vgl. dazu *Gustav Dalman*: Orte. S. 222.

Wie aber verhält es sich dann mit dem verbindenden καί zwischen „Judäa" und „jenseits des Jordans"? Das Territorium Judäa, das zusammen mit den Landesteilen Idumäa und Samaria während der 1. und 2. Prokuratur - 6 bis 41 bzw. 44 bis 66(70) - zur römischen Provinz *Iudaea* gehörte, reichte den Jordan aufwärts bis etwa 5 Kilometer nördlich der von Alexander Jannäus erbauten und Herodes dem Großen ausgebauten Festung Alexandreion (s. Jos. AJ XVI 2,1). Sie lag unweit der Straße von Jerusalem nach Skythopolis. Von dort war ein Wechsel auf die andere Seite des Jordans nach Peräa ebenso möglich wie etwa auf der Höhe von Jericho zurück nach Judäa - in heutige Verhältnisse übertragen: über die Damiya-Brücke aus „Judäa" nach „jenseits des Jordans" und über die Allenby-Brücke zurück ... So könnte in der Lesart mit καί der Weg gewesen sein, den Jesus nach Markus dann eingeschlagen hätte. Judäa wäre hier entweder bloß eine Zwischenstation[225] (s. o. S. 97), was gegen diese Variante spräche, oder Markus ließe den Leser darüber im Unklaren, was von dem in 10,1b bis 45 Berichteten in Judäa und was in Peräa topographisch zu verorten sei. Das ist bei Markus jedoch eher nicht zu erwarten. Oder καί wäre epexegetisch zu verstehen und hier eigentlich überflüssig, stützte jedoch mittelbar die Lesart „Judäa jenseits des Jordans" (mit C² D W Δ Θ $f^{1.13}$ 28. 565. 579. 1241. 1424. 1646. 2542 latt sy$^{s.p}$), die politisch-geographisch völlig richtig ist[226], weil in der Zeit der 2. römischen Prokuratur und nach 70 neben Samaria, Judäa

---

[225] Wie bei *Bärbel Bosenius*: Raum. S. 261, die Jesus so wandern läßt: „von der Paneas-Region nach Kapernaum [9,33], von dort durch Galiläa [9,30], wieder zurück nach Kapernaum [9,33], von dort nach Judäa und Peräa [10,1], ein letztes Mal nach Kapernaum [10,10] und dann [10,17] nach Jerusalem [das aber erst 10,32 begegnet]. Diese Reiseroute wirkt konstruiert" - wie schon vorher ihre Überlegungen zu 5,1 und 7,24.31 -, nur daß eben der Konstrukteur nicht Markus ist (s. auch o. S. 101f.).

[226] Zu beiden Lesarten vgl. Tübinger Bibelatlas. Karten B V 17.1.

sowie Idumäa auch Galiläa und Peräa zur römischen Provinz *Iudaea* gehörten. Nach Plinius war *Peraea ... a ceteris Iudaeis Iordane amne discreta* – „... durch den Fluß Jordan von den anderen Teilen Iudäas getrennt" (nat. 5,70)[227], ist also nicht (nur) vom Evangelisten als zu Judäa gehörig gedacht, wie Joachim Gnilka meint[228], sondern gehörte zur Zeit des Markus offenkundig zur römischen Provinz *Iudaea.*

Da das Evangelium wohl um 75 geschrieben sein dürfte, wäre auch diese Lesart wie die Parallele bei Matthäus (Mt 19,1) durchaus sinnvoll. Sie spiegelt wie die Erwähnung der Dekapolis (s. o. S. 72-79) oder des „Königs" Herodes (s. o. S. 32-34) die politischen Verhältnisse zur Zeit des Evangelisten, aber nicht die der Zeit Jesu.

Das Markusevangelium gibt mit 5,20; 6,14; 7,24.31 und 10,1 also den gleichen politisch-geographischen Kenntnisstand wieder wie des Plinius *Naturalis historiae libri XXXVII* in 5,70.74.77 – eine überaus auffällige Konstellation, wobei Plinius seine Kenntnisse seiner Belesenheit verdankt (s. o. S. 72 mit Anm. 137), während es bei Markus wohl eher die eigene Landeskenntnis sein dürfte, die sich als erstaunlich gut erweist.

Außerdem war das Territorium „Peräa" von Galiläa erreichbar, ohne zuvor den Landesteil Judäa der römischen Provinz gleichen Namens zu betreten.[229] Ich bevorzuge daher die Lesart ohne καί[230], bei der Peräa als das „Judäa jenseits des Jordans" nächstes Ziel Jesu ist. Dem Königreich Agrippas II. war nur ein kleiner, etwa 200 km² großer Teil von Peräa zugeordnet (s. o. S. 34f.), das einst zur Tetrarchie

---

227 C. Plinius Secundus d. Ä.: Naturkunde. Bd. II. S. 125; s. a. *Otto Betz*: Ἰουδαία. In: EWNT. Bd. 2. Sp. 468-470, dort Sp. 469.
228 *Joachim Gnilka*: Evangelium. 2. S. 71.
229 Vgl. *Yohanan Aharoni*: Land. S. 43-63 mit Karte 3.
230 Angemerkt sei, daß die von mir in 5,1; 7,24.31 u. 10,1 bevorzugten Lesarten sämtlich mit denen der drei für die Textgeschichte wichtigen Minuskeln 1241, 1424, 2542 sowie mit 1646 und f^1 übereinstimmen.

des Herodes Antipas gehört hatte und seit 70 Teil der römischen Provinz *Iudaea* – seit 135 *Syria-Palaestina* – war. Es lag am Einfluß des Jordans ins Tote Meer, Jericho gegenüber.

Das Territorium Judäa[231] kommt, jedoch unerwähnt, erst mit Jericho in den Blick. Hier aber braucht wie bei Betsaida oder Gergesa, Dalmanuta oder Gennesaret, Nazaret oder Betanien nicht das Territorium genannt zu werden, zu dem der Ort gehört. Offenbar war Markus der Ansicht, daß die Leser seines Evangeliums ohne Mühe jeden dieser Orte dem zugehörigen Territorium zuordnen konnten.

Dort irgendwo in „*Judäa jenseits des Jordans*" kam es zu einem Streitgespräch mit Pharisäern. Nachdem sich

---

[231] Markus gebraucht Judäa genauso polysem wie an anderen Stellen z. B. ἀγρός, ὁδός, οἰκία, οἶκος, παραβολή oder ὥρα (s. *Peter Weigandt*: Jézus parabolái Márk evangélista szemszögéböl [Die Parabeln Jesu aus der Sicht des Evangelisten Markus]. In: Szegedi Biblikus Konferencia. Szeged, 1997. Hg. v. György Benyik. Szeged 1998. S. 195-216 u. 222, dort S. 209 u. EWNT. Bd. I, II u. III. S. v.). Je nach Kontext ist das Territorium oder die römische Provinz gemeint (s. *Walter Bauer*: Wörterbuch. S. v.). Zur Polysemie vgl. *Stephen Ullmann*: Grundzüge der Semantik. Die Bedeutung in sprachwissenschaftlicher Sicht. Berlin 1967. S. 109-117; *Helmut Gipper*: Sprachwissenschaftliche Grundbegriffe und Forschungsrichtungen. München 1978. S. 178-181.

die Jünger abermals *„im Haus"* (10,10)²³² als unverständig erwiesen hatten, segnete Jesus Kinder und begab sich wieder *„auf* [den] *Weg"* (10,17). Nach einem Gespräch mit einem, der ihnen begegnete, und zweimaliger Belehrung seiner Jünger machten sie – Jesus, viel Volk und die Jünger – sich *„auf den Weg"* hinauf *„nach Jerusalem"* (10,32). Unterwegs nahm er die Jünger beiseite und sagte ihnen die dritte, umfangreichste Leidensankündigung (10,33f.; s. o. S. 100), in der Jesus erstmals *„Jerusalem"* ausdrücklich als Ziel nannte. Gespräche mit einzelnen und allen Jüngern folgten. Dann

---

232 *Bärbel Bosenius*: Raum. S. 144f., lokalisiert dieses Haus in Kafarnaum, wo sich das in 10,10-31 Berichtete abgespielt haben soll (a.a.O. S. 312-314). Das dürfte wegen 10,1 ausgeschlossen sein, denn dort begibt sich Jesus, begleitet von Scharen Volks *„in das Gebiet von Judäa jenseits des Jordans"*, und auf dem Weg dorthin oder dort und nicht in Kafarnaum steht das Haus in der „kognitiven Karte" des Evangelisten. Oder welchen kurvenreichen Weg sollte Jesus samt denen, die ihm folgten, gegangen sein, um wieder nach Kafarnaum zu gelangen (s. o. S. 103, Anm. 225)? Dann müßte Markus ja anschließend auch von einen erneuten Aufbruch *„in das Gebiet von Judäa jenseits des Jordans"* berichten, was er aber nicht tut. 10,10 und 10,17 können für Kafarnaum nicht in Anspruch genommen werden.
Damit bleiben von den 11 Stellen, an denen es nach *Bärbel Bosenius*: Raum. S. 151f., um das Haus Jesu in Kafarnaum gehen soll, nur noch 4 übrig, nämlich 2,1; 3,20; 7,17 und 9,33. Dieser verbleibende Rest kann die Last, daß Jesu Haus in Kafarnaum einer der beiden zentralen Handlungsorte im Markusevangelium sei (vgl. a.a.O. S. 443-450), nicht tragen. Dieses Haus ist kein zentraler Handlungsort. Das gilt entsprechend für das Boot (s. o. S. 70). Zudem erscheint Kafarnaum nirgends auf der „kognitiven Karte" des Markus als „Bestandteil der Ginnosar-Ebene" (a.a.O. S. 444, 480), was der Ort auch in der realen Welt nicht ist (s. o. S. 96, Anm. 212). Die Ebene reicht von Magdala im Süden bis Kinneret bzw. Heptagon im Norden, was mit den von Josephus (BJ III 10,8) angegebenen Maßen von 30 Stadien Länge übereinstimmen dürfte.

heißt es kurz und knapp: *"Und sie kamen nach Jericho"* (10,46a), wo zunächst merkwürdigerweise nichts geschah.

Das hat schon die beiden anderen Synoptiker irritiert: Matthäus berichtet gar nichts von Jesu Ankunft in Jericho, sondern nur von dessen Weggang (Mt 20,29), während Lukas die Heilung des Bartimäus in die Nähe von Jericho, also bevor Jesus die Stadt erreicht, verlegt (L 18,35) und dann die Begegnung mit dem Oberzöllner Zachäus auf dem Weg „durch die Stadt" (L 19,1) folgen läßt. Da für Markus die Heilung des Bartimäus offenbar fest mit dem Verlassen Jerichos auf dem Weg nach Jerusalem und nicht mit der Stadt selber verbunden war, mußte Jesus natürlich zunächst einmal nach Jericho kommen, bevor er es verlassen konnte. Es verhält sich hier in 10,46a.b ebenso wie mit 7,24.31 (vgl. die o. S. 95 zitierte Bemerkung des Origenes [comm. in Mt. XI 18] zu Mt 15,29). Markus hat hier also genauer überlegt als die, die ihm *„an oddity"* vorwerfen.[233]

Als sie *„aus Jericho"* weggingen, saß *„am Weg"* der blinde Bettler Bartimäus, den Jesus, der *„Nazarener"*, sehend machte (10,46bf.) und der ihm *„auf dem Weg"* nachfolgte (10,52): Weder in 7,24-9,50 noch im 10. Kapitel bedarf es einer „Phantasielandkarte", um den markinischen Wegen Jesu zu folgen. Eine Landkarte in den gängigen Bibelübersetzungen genügt durchaus. Dann näherte sich Jesus mit seinen Jüngern *„Jerusalem bei*[234] *Betphage und Betanien am Ölberg"* (11,1a - Zäsurvers).

---

233 S. *Bärbel Bosenius*: Raum. S. 265 mit Anm. 63.
234 Zu εἰς = „bei" vgl. *Ludwig Radermacher*: Grammatik. S. 140 u. 145; BDR. § 205 u. 239,3.

Bisher gelang es nicht, die genaue Lage von Betphage zu ermitteln.[235] Damit bleibt unklar, ob die von Markus genannte Reihenfolge beider Orte besagt, der Weg nach Betanien führe über Betphage, oder ob nur eine allgemeine Beschreibung der Lage beider Orte gemeint sei, die für Markus eindeutig am Ölberg im Osten der Stadt liegen. Letzteres halte ich für wahrscheinlicher: Wie an vielen anderen Stellen bestimmt auch hier die jeweils nachfolgende Ortsangabe die vorangehende näher (s. o. S. 96).

Jesus schickte zwei Jünger *„in das Dorf euch gegenüber"* (11,1b.2) – damit dürfte eher Betphage als Betanien gemeint sein[236], weil Betanien als Nachtquartier im Folgenden eine wichtige Rolle spielt –, um ein Eselsfüllen auszuleihen, das sie angebunden *„an einer Tür draußen auf der Straße"* fanden (11,4). Als Jesus auf ihm in die Stadt ritt, legten viele ihre Kleider *„auf den Weg"*, andere Laubbüschel, die sie *„auf den Feldern"* abgeschnitten hatten (11,8). Er ging hinein *„nach Jerusalem in den Tempel"*, schaute sich alles an und ging, als es schon Abend wurde, mit den Zwölf *„nach Betanien"* hinaus (11,11).

Am nächsten Tag brachen sie *„von Betanien"* (11,12) auf und gingen *„nach Jerusalem in den Tempel[237]"* (11,15). Jesus befreite ihn von den Händlern und Käufern, den Geldwechslern und Taubenverkäufern und begab sich, als es spät wurde, *„aus der Stadt"* hinaus (11,19).

---

235 *Max Küchler*: Jerusalem. Ein Handbuch und Studienreiseführer zur Heiligen Stadt. Göttingen 2007. S. 932. – OLB. Bd. IV,2.
236 *Max Küchler*: Jerusalem. S. 933; *Bärbel Bosenius*: Raum. S. 367.
237 Zu den Einzelheiten im Tempel vgl. *Wolfgang Zwickel*: Der salomonische Tempel. Mainz 1999. S. 184f. = Kulturgeschichte der antiken Welt. Bd. 83; *Max Küchler*: Jerusalem. S. 133-141.

Früh am folgenden Tag kamen sie wieder *„nach Jerusalem"*, wo Jesus *„im Tempel"* umherging (11,27) und lehrte. Nach Auseinandersetzungen mit Hohenpriestern, Schriftgelehrten und Ältesten (11,27), Pharisäern und Herodianern (12,13) sowie Sadduzäern (12,18), kurz, mit allen, die in Jerusalem etwas zu sagen hatten und ihm übel wollten – Markus' Vorliebe für die Dreizahl ist unübersehbar (s. u. S. 127-139) – stellte Jesus am *„Opferkasten"* (12,41) den Jüngern eine arme Witwe als leuchtendes Beispiel hin. Dann ging er mit seinen Jüngern *„aus dem Tempel"* hinaus (13,1) und setzte sich *„auf den Ölberg gegenüber dem Tempel"* (13,3), wo ihn *„für sich"* Petrus, Jakobus, Johannes und Andreas fragten und er sie mit seiner Rede von der Endzeit ein letztes Mal belehrte (13,5-37). Wann und wo dieser Tag endete, läßt Markus offen.[238] Den Kapiteln 11 bis 13 fehlt ganz offenkundig absichtlich eine genaue zeitliche Einbindung in das Jerusalemer Geschehen (s. o. S. 38f. u. 41f.); sie haben allerdings mit 10,46 und 14,3 eine örtliche Anbindung. Sie scheint dem Evangelisten nicht nur hier wichtiger zu sein als die Einbindung in ein datierbares, zeitliches Nacheinander.

Zwei Tage vor dem Passafest und dem Fest der ungesäuerten Brote (14,1a – Zäsurvers), an einem Mittwoch (s. o. S. 42), beschlossen die Hohenpriester und Schriftgelehrten, Jesus zu töten (14,1b.2; vgl. 8,31), der *„in Betanien im Haus Simons des Aussätzigen"* zu

---

[238] Daher ist die Vermutung von *Bärbel Bosenius*: Raum. S. 402, Jesus und die Jünger seien „auf dem Weg zu ihrem Nachtquartier in Bethanien", müßig.

Tisch lag (14,3)²³⁹. Dort salbte ihn eine unbekannte Frau. Danach ging Judas *„zu den Hohenpriestern"*, um Jesus zu verraten (14,10). Zur Vorbereitung des Passamahls schickte Jesus am nächsten Tag, einem Donnerstag, zwei Jünger *„in die Stadt"* (14,13), wo sie sich *„ein großes Obergemach"* (14,15) zeigen lassen sollten. Sie gingen *„in die Stadt"* (14,16), fanden es, wie Jesus gesagt hatte, und bereiteten das Passamahl. Am Abend begab sich Jesus mit den Zwölf dorthin. Sie aßen und gingen nach dem Lobpreis *„zum Ölberg"* (14,26). Unterwegs sagte Jesus seinen Jüngern, er werde ihnen nach seiner Auferweckung *„nach Galiläa"* vorausgehen (14,28). Sie kamen *„zu einem Grundstück mit Namen Getsemani"* (14,32). Jesus nahm Petrus, Jakobus und Johannes mit sich, hieß sie wachen, ging beiseite, um zu beten, und kehrte dann zu den inzwischen eingeschlafenen Jüngern zurück. Das wiederholte sich noch zweimal – wieder die Dreizahl. Dann kamen Judas und ein Haufe Bewaffneter, die die Hohenpriester geschickt hatten. Sie ergriffen Jesus, worauf er sagte, sie hätten ihn wie einen Räuber gefangen, obwohl er doch Tag für Tag *„im Tempel"* gelehrt habe (14,49; s. o. S. 38f.). Jesus wurde *„zum [Palast des] Hohenpriester[s]"* gebracht (14,53). Petrus folgte ihm bis *„in den Hof des Hohenpriesters"* (14,54). Die Hohenpriester, Ältesten und Schriftgelehrten (s. 11,27!) beschlossen, daß Jesus des Todes schuldig sei (14,64). Währenddessen verleugnete Petrus, von einer Magd beschuldigt, mit dem *„Nazarener"* Jesus zusammen

---

239 Betanien verbindet Kapitel 14-15 mit Kapitel 11-13. Aus 14,3a zu schließen, daß Jesus „einen ganzen Tag im Hause Simons des Aussätzigen" verbrachte (*Bärbel Bosenius*: Raum. S. 369 u. 419), halte ich für etwas gewagt.

gewesen zu sein, *„unten im Hof"* Jesus (14,66-68a) und ging hinaus *„in den Vorhof"* (14,68), wo er Jesus noch ein zweites und drittes Mal verleugnete.

Am frühen Morgen wurde Jesus an *„Pilatus"* ausgeliefert (15,1), der ihn zum Tod am Kreuz verurteilte. Die römischen Soldaten führten ihn ab *„in den Palast, das ist* [das] *Prätorium"* (15,16), um ihn dort zu geißeln und zu verspotten, danach hinaus zur Kreuzigung. Unterwegs zwangen sie Simon von Kyrene, der *„vom Feld"* kam (15,21), das Kreuz zu tragen. Sie brachten Jesus *„an den Ort Golgota, das ist übersetzt: Schädelstätte"* (15,22), und kreuzigten ihn dort. *„Von weitem"* schauten die Frauen zu, die ihm *„in Gäliläa"* gefolgt waren und ihn unterstützt hatten, und viele andere, die mit ihm *„nach Jerusalem"* hinaufgezogen waren (15,40f.; vgl. 10,46), darunter auch Maria aus Magdala. Der Ort kommt bei Markus nur im Zusammenhang mit dieser Frau vor (noch 15,47; 16,1), aber anders als in Mt 15,39 – wo K L Γ Δ Θ $f^{1.13}$ 700. 892. 1241. 1424 M sy^h Magdala statt des markinischen Dalmanuta (8,10) lesen – nicht im Itinerar Jesu.

Als es schon Abend wurde, erbat Josef von Arimatäa *„von Pilatus"* den Leichnam Jesu (15,43) und setzte ihn bei *„in einem Grab"*, aus *„einem Felsen"* gehauen und mit einem Rollstein verschlossen (15,46). Am nächsten Abend, als der Sabbat vorüber war, kauften Maria aus Magdala, die das Grab Jesu gesehen hatte (15,47), und Maria, die Mutter des Jakobus, und Salome wohlriechende Öle, um Jesus zu salben (16,1 – Zäsurvers).

Am ersten Tag der Woche, also am Sonntagmorgen, kamen sie *„zum Grab"* (16,2). Sie fanden den Rollstein zur Seite gerollt und *„im Grab"* einen Jüngling in weißem Gewand, der ihnen sagte, Jesus, der *„Nazarener"* sei nicht hier, sondern auferweckt, und daß sie seinen Jüngern und dem Petrus sagen sollten, daß er ihnen voraus gehe *"nach Galiläa"* (16,7). Daraufhin flohen sie voller Schrecken und Entsetzen *"vom Grab"* (16,8) und sagten niemand etwas.

3.1.2 Ortsadverbien

Markus verwendet etliche verschiedene Ortsadverbien, insgesamt 16 (18). Sie sind hier wie die Zeitadverbien in der Reihenfolge aufgeführt, in der sie erstmals im Evangelium begegnen, nämlich ὀλίγον („ein bißchen", 1,19), πανταχοῦ („überallhin", 1,28), ἐκεῖ, κἀκεῖ („[und] dort", 1,35.38; 2,6; 3,1; 5,11; 6,5.10.33; 11,5; 13,21; 14,15; 16,7), ἀλλαχοῦ („anderswohin", 1,38), ἔξω („draußen, hinaus", 1,45; 3,31.32; 11,4; 14,68), πάντοθεν („von allen Seiten her", 1,45), ἀπὸ μακρόθεν („aus der Ferne, von weit her", 5,6; 8,3; 11,13; 14,54; 15,40), ὄπισθεν („von hinten her", 5,27), ἐκεῖθεν, κἀκεῖθεν („[und] von dort", 6,1.10.11; 7,24; 9,30; 10,1), ὧδε („hier", 6,3; 8,4; 9,1.5; 11,3; 13,2.21; 14,32.34; 16,6), πάλιν („zurück", „wieder", 5,21; 7,31; 11,3; 14,40), δεῦρο („hierher", 10,21), κατέναντι („gegenüber", 11,2; 12,41; 13,3), μικρόν („eine kurze Strecke", 14,35), ἔσω („hinein", 14,54; 15,16) und κάτω („unten", 14,66). Diese Ortsadverbien erfüllen ihren Zweck bis auf wenige Ausnahmen (ἐκεῖθεν, κἀκεῖθεν und πάλιν, s. u. S. 121f.) fast ausschließlich innerhalb der Episoden, in denen sie zu finden sind. Sie haben also für das Itinerar der Wege Jesu keine besondere Funktion und können darum außer Betracht bleiben.

3.2 Das Itinerar der Wege Jesu

Allein aus den Ortsangaben läßt sich das markinische Itinerar der Wege Jesu nachzeichnen, ohne daß es noch irgendwelcher Ortsadverbien in nennenswerter Anzahl entsprechend den Zeitadverbien εὐθύς oder πάλιν bedürfte: Jesus kam aus **Nazaret**[240] in Galiläa an den **Jordan** (1,9), wurde vom Geist in die **Wüste** getrieben (1,12f.). Danach zog er durch **Galiläa** und verkündete das Evangelium Gottes (1,14), begab sich an den **Galiläischen See** (1,16) und dort nach **Kafarnaum** (1,21), wo er offenbar ein Standquartier bezog (2,1: „**zu Hause**"). Er wanderte zunächst durch **Galiläa** (1,38) und blieb anschließend am **See** (3,7) auf dem galiläischen **Westufer**, wo er auch die Gleichnisrede hielt (4,1).

Dann kam das zur **Dekapolis** gehörende **Ostufer** des Sees in den Blick (5,1.20; 4,35), das Jesus mit seinen Jüngern im **Gebiet der Gergesener** erreichte (5,1). Nach der Heilung des vom Dämon Legion Besessenen kehrte er an das **Westufer** zurück (5,21). Von dort begab er sich in seine **Vaterstadt** Nazaret (6,1) und wirkte anschließend in den **umliegenden Orten** (6,6). Nach Aussendung und Rückkehr der Jünger war er wieder am **See** (6,31f.). Es folgte eine Überfahrt an das jenseitige, also östliche Ufer, deren Ziel Betsaida war (6,45), das jedoch wegen Gegenwind nicht erreicht wurde. Das Boot landete statt dessen in **Gennesaret** (6,53) **am Westufer** (vgl. o. S. 90f.). Nach der Rede Jesu über Reinheit und Unreinheit ging er „**nach Hause**" (7,17), vermutlich in das nahe gelegene Kafarnaum.

---

[240] Durch Fettdruck hervorgehoben sind nur die Stationen des Itinerars (nicht daher z. B. Betsaida in 6,45).

Jesus verließ Kafarnaum und wanderte allein in das **Gebiet von Tyrus und Sidon**, nach Syrophönizien (7,24). Nach Heilung der Tochter einer hellenisierten Syrophönizierin kam er aus dem Gebiet von Tyrus und Sidon wieder an den **Galiläischen See inmitten des Territoriums der Dekapolis** (7,31). Anschließend fuhr er mit den Jüngern in das **Gebiet von Dalmanuta** (8,10), das am **Westufer** zu suchen ist, denn die darauf folgende Fahrt über den See ging an das gegenüber liegende, das (nord)östliche Ufer nach **Betsaida** (8,13.22). Dann zog Jesus mit seinen Jüngern weiter nach Norden in die **Dörfer von Caesarea Philippi** (8,27). Danach wandten sie sich nach **Galiläa** (9,30) und kamen schließlich nach **Kafarnaum** (9,33a): Jesus war wieder „**zu Hause**" (9,33b).

Von dort brachen Jesus und die Jünger auf in die **Gebiete von Judäa jenseits des Jordans** (10,1) und erreichten über **Jericho** (10,46) schließlich **Jerusalem bei Betphage und Betanien am Ölberg** (11,1a).

Dieses Itincrar der Wege Jesu läßt einige bemerkenswerte Gegebenheiten erkennen:

1. Das Gebiet, in dem Jesus unterwegs war, entspricht etwa den Anteilen, die Agrippa II. am ehemaligen Reich des Herodes hatte: Teile Galiläas, Peräas und der Gaulanitis[241]. Hinzu kommen Randgebiete von Paneas, Syrophönizien und der Dekapolis sowie der Aufstieg von Jericho nach Jerusalem und Jerusalem selbst samt seiner nächsten Umgebung. Wenn wir von dieser Wanderung nach und dem Aufenthalt in und um Jerusalem absehen, liegen alle hier genannten Orte und Gebiete

---

[241] Vgl. die Nebenkarte „Jüdischer Aufstand ..." zu Karte B V 17.1 im Tübinger Bibelatlas.

in einem Umkreis um Kafarnaum, dessen Radius höchstens 30 km Luftlinie beträgt. Teilweise sind die Entfernungen von Kafarnaum aus noch deutlich geringer. Selbstverständlich ist das nicht mit den tatsächlichen Entfernungen gleichzusetzen, die auf den Straßen und Wegen der damaligen Zeit zurückzulegen waren[242]. Dieser eng bemessene Radius gilt für die im Evangelium genannten galiläischen Orte (mit Ausnahme von Nazaret) wie für die außerhalb Galiläas gelegenen Orte und Territorien. Obwohl Jesus die Grenzen Galiläas einige Male überschritt, war sein von Markus beschriebener Wirkungsbereich dennoch erstaunlich kleinräumig. Allen diesen Orten und Territorien ist gemeinsam, daß sie entweder eine überwiegend jüdische Bevölkerung hatten oder in ihnen auch Juden wohnten.[243]

2. Zieht man auf der Höhe von Tiberias von West nach Ost eine Linie durch Galiläa und den See Gennesaret – die mit 17[244] Vorkommen meistgenannte topographische Örtlichkeit –, liegen alle Orte und Territorien des Itinerars Jesu in den Kapiteln 1 bis 9 nördlich dieser Linie. Einzige Ausnahme ist Jesu Vaterstadt, die nur einmal im Itinerar begegnet, aber nicht mit ihrem Namen Nazaret genannt wird, möglicherweise um die Leser auf die epideiktische Sentenz in 6,4 vorzubereiten.

3. Auffällig ist angesichts der wenigen Ortsnamen – fünf und fünf mit Zusätzen wie *Gegend*, *Gebiet*, *Dörfer von* ... – auch die Häufung der im Norden gelegenen Orte, nämlich Caesarea Philippi, zweimal Betsaida so-

---

[242] Vgl. *Yohanan Aharoni*: Land. Karte 3; *Willibald Bösen*: Galiläa. S. 30.
[243] S. *Gerd Theißen*: Lokalkolorit. S. 69f.
[244] 9,42 u. 11,23 bleiben hier außer Betracht.

wie dreimal Tyrus und Sidon, obwohl nur wenige Episoden mit ihnen fest verbunden sind. Das könnte ein Hinweis auf den Abfassungsort des Evangeliums sein, der dann im Grenzgebiet zwischen der Provinz *Syria* und Galiläa zu suchen wäre (s. o. S. 27 mit Anm. 49).

4. Zusammen mit Gergesa im Osten gehört die Hälfte der Ortsnamen in den Kapiteln 1 bis 10 zu Gebieten außerhalb Palästinas. Nur Kafarnaum, Jesu „Vaterstadt", Gennesaret, Dalmanuta und Jericho sind Orte in Galiläa bzw. Judäa. Ähnlich verhält es sich bei den Territorien: Galiläa, die „Gegend von Dalmanuta" und das „Gebiet von Judäa jenseits des Jordans" gehörten in der 2. Prokuratur zur römischen Provinz *Iudaea* (und seit 56 auch zum Reich Agrippas II.), die anderen Territorien, *Gegenden, Gebiete, Dörfer von* ... nicht.

5. Abgesehen von der mehrtägigen Wanderung von Kafarnaum in die Gebiete von „Judäa jenseits des Jordans" und von dort über Jericho nach Jerusalem – nach Josephus dauerte die Reise von Galiläa nach Jerusalem über Samaria nur drei Tage (Vita 52) – beträgt die Entfernung zwischen zwei Stationen dieses Itinerars in der Regel nicht mehr als höchstens eine Tagesreise – etwa 20 *milia*, also an die 30 km[245] –, allenfalls deren zwei. Jede der von Markus genannten Stationen ist demnach so gelegen, daß Jesus sie ohne größere Mühe erreicht haben kann.

6. Das markinische Itinerar der Wege Jesu erweitert dessen Wirkungsbereich nur allmählich. Er ist bis 4,34 auf Galiläa begrenzt, wird bis 7,23 um das Ostufer des

---

[245] S. *Gerhard Radke*: Viae publicae Romanae. Sonderdruck aus PRE.S. Bd. XIII. Stuttgart 1971. Sp. 59f.; *Werner Heinz*: Reisewege der Antike. Unterwegs im Römischen Reich. Stuttgart 2003. S. 76.

Sees Gennesaret und bis 9,50 zusätzlich um Gebiete nördlich des Sees erweitert, wobei aber immer wieder Galiläa (6,1.6.31f.53; 8,10; 9,30.33) und auch das Ostufer (7,31; 8,13.22) aufgesucht werden. In Kapitel 10 verlegt der Evangelist diesen Bereich nach „Judäa jenseits des Jordans" (10,1) und Jericho (10,46).

7. Alle vier Abschnitte des Itinerars in den Kapiteln 1 bis 10 – 1,14-4,34; 4,35-7,23; 7,24-9,50 und 10,1-52 – beginnen in Galiläa, wo demzufolge die ersten drei auch enden. Wir haben hier eine Art Ringkomposition vor uns. Der jeweils erstmalige Aufbruch in nicht zu Galiläa gehörende Orte oder deren Gebiete (5,1; 7,24; 8,22) oder Territorien (10,1) erfolgt also stets von Galiläa aus.

8. In den Kapiteln 11 bis 13 läßt der Evangelist Jesus zwischen Betanien und Jerusalem hin und her wechseln; von Kapitel 14 an spielen sich die Ereignisse nach dem Aufbruch von Betanien nur noch in Jerusalem ab – abgesehen von Verhaftung, Kreuzigung und Begräbnis Jesu, die außerhalb der damaligen Stadtmauern geschahen.

Aus alledem folgt, daß das markinische Itinerar der Wege Jesu nirgends unsinnig, gegensätzlich oder widersinnig ist oder einer „Phantasielandkarte" folgt, sondern wohlüberlegt ist. Ebenso wenig sind die Ortsangaben des Evangelisten ungenau oder fehlerhaft. Das Itinerar ist vielmehr von den realen historisch-topographischen Gegebenheiten wie von der Route her gesehen sowohl angemessen als auch möglich. Markus weiß offensichtlich in der Topographie und Geographie

Palästinas seiner Zeit Bescheid[246], obwohl es an brauchbaren Karten mangelte, wenn es sie denn überhaupt gab (s. o. S. 86 mit Anm. 193). Das gilt auch für das von ihm erwähnte Umland. Zudem kennt er sich in der Schiffahrt auf dem See aus. Auf seiner „kognitiven Karte", in der erzählten Welt, spiegelt sich die reale Welt. Das bedeutet nicht, daß das markinische Itinerar Jesu historisch ist, was es schon wegen der fehlenden Verankerung in der Zeit nicht sein kann, wohl aber, daß dem Evangelisten an einer in sich und für seine Leser schlüssigen Darstellung der Wege Jesu gelegen war, die eine beachtliche Orts- und Landeskenntnis verrät. Das gilt unabhängig davon, daß auf anderen Gebieten die Kenntnisse des Markus weniger gut sind, etwa wenn es um die absolute Chronologie der Geschehnisse geht, oder darum, wie es sich genau mit den verwaltungsmäßig richtigen Bezeichnungen für Siedlungen verhält oder den nur schwer zu durchschauenden herodianischen Familienverhältnissen.

Die Funktion der markinischen Ortsangaben bedarf daher keiner besonderen Erläuterung: Es ging dem Verfasser des Evangeliums zunächst um die Lokalisierung der mit ihnen verknüpften Ereignisse. Für diesen Zweck war es gleichgültig, ob die Lokalisierung ihm vorgegeben war – was bei der Nennung von Orten eher der Fall sein dürfte – oder von ihm stammte. Es war

---

[246] So auch *Walter Schmithals*: Das Evangelium nach Markus. Kapitel 1-9,1. Gütersloh 1979. S. 49. = ÖTBK. Bd. 2,1; *Heinz-Wolfgang Kuhn*: Betsaida. S. 165; *Dietrich-Alex Koch*: Urchristentum. S. 509f. Anderer Meinung sind z. B. *Petr Pokorný*: Markusevangelium. S. 969-2035, dort S. 2020 u. 2021 u. *ders.; Ulrich Heckel*: Einleitung. S. 375f.

ohnehin nur eine geringe Anzahl von Ortsangaben, die ihm zur Verfügung stand.

Daher halte ich es für unwahrscheinlich, daß Markus nur „die wichtigsten Stationen der Reise" nennen wollte[247]. Er verfügte einschließlich des Sees Gennesaret, des Jordans und des Ölbergs von allen Evangelisten mit insgesamt 20 Namen von Orten, Territorien und topographischen Gegebenheiten über die meisten Daten, um sein Itinerar der Wege Jesu zu gestalten. Die drei anderen Evangelien sind zwar alle erheblich umfangreicher als das des Markus, enthalten aber eine geringere Anzahl an entsprechenden Ortsangaben, die einem Itinerar Jesu dienlich sind: Matthäus 18, Lukas 17 und Johannes 15, zudem nur wenige, die nicht schon im zweiten Evangelium begegnen:

Matthäus ersetzt lediglich in Mt 8,28 das markinische *Gergesener* durch *Gadarener* (B C (Δ) Θ sy$^{s.p.h}$; Epiph), wenn er nicht doch mit ℵ^2 K L W $f^{1.13}$ 565. 579. 700. 892*. 1424. 1646. *l* 844. *l* 2211 𝔐 bo; Epiph^{mss} und Orig. (fr. in Mt. 170f. [zu Mt 8,34]) *Gergesener* beibehalten hat, und in Mt 15,39 *Dalmanuta* durch *Magadan* (ℵ* B D) oder *Magdala* (s. o. S. 111).

Lukas tauscht das *Gergesener* des Markus gegen das ähnlich klingende *Gerasener* [L 8,26: 𝔓^{75} B D latt sy^{hmg} (sa); L 8,37: 𝔓^{75} B C* D 0279. 579 latt sy^{hmg} (sa)], falls nicht auch er beim markinischen *Gergesener* geblieben ist [L 8,26: ℵ L Θ Ξ f^1 33. 579. 700*. 1241 (bo); Epiph; L 8,37: ℵ*$^{.2b}$ (C^2) L P Θ $f^{1.13}$ 33. 700*. 1241 (bo)], ferner Golgota gegen *Kranion* (L 23,33) und fügt – wohl aus seinem Sondergut – *Judäa* (4,44), *Nain* (L 7,11), ein unbekanntes *samaritanisches Dorf* (L 9,52) und ein weiteres, im Grenzgebiet von *Samaria und Galiläa gelegenes Dorf* (L 17,11f.) hinzu.

Bei Johannes schließlich finden sich mit *Kana* (J 2,1.11; 4,46), *Judäa* (passim), *Sychar* in *Samarien* (J 4,4-7), dem

---

[247] *Gottfried Rau*: Markusevangelium. S. 2126, Anm. 232.

Ort jenseits des Jordans, an dem Johannes getauft hatte (J 10,40; d. h. *Betanien* [J 1,28]) und *Efraïm* (J 11,54) noch sechs weitere Namen von Orten und Territorien sowie der Bach *Kedron* als topographische Gegebenheit (J 18,1). Angesichts der relativ geringen Ausbeute – vier topographische Angaben im Lukas- und sieben im Johannesevangelium, die bei Markus nicht im Itinerar Jesu vorkommen; die anderen dürften spätere Verbesserungsversuche sein – sehe ich keinen Grund anzunehmen, Markus habe mit Absicht Ortsangaben weggelassen, über die er hätte verfügen können. Dagegen fehlen im Itinerar Jesu bei Matthäus zwei (Dekapolis, Betsaida), bei Lukas neun (Gennesaret, Tyrus und Sidon, Dekapolis, Dalmanuta, Betsaida, Caesarea Philippi, Judäa jenseits des Jordans, Getsemani, Golgota) und bei Johannes sogar zwölf (Gergesa, Gennesaret, Tyrus und Sidon, Dekapolis, Dalmanuta, Betsaida, Caesarea Philippi, Judäa jenseits des Jordans, Jericho, Betphage, Ölberg, Getsemani) topographische Namen aus dem Itinerar Jesu des Markusevangeliums. Gemeinsam sind allen vier Evangelien nur acht: Jordan, der See Gennesaret/von Tiberias, Galiläa, Kafarnaum, Nazaret, Betanien und Jerusalem mit Golgota/Kranion.[248]

Die Ortsangaben oder besser die Wechsel zwischen den verschiedenen Orten dienen einem weiteren, wichtigen Zweck: Das Itinerar der Wege des markinischen Jesus soll das Geschehen durch den Ortswechsel voran- und schließlich zum Ziel Jerusalem bringen.[249] Diese Absicht wird vom Evangelisten nur ab und an

---

[248] Vgl. auch die Übersicht auf S. 160f.
[249] Es ist also gerade nicht so, wie Jürgen Roloff meint, daß Markus „von sich aus kaum etwas dazu getan" habe, „um die ihm vorgegebenen geographischen Grundvorstellungen für die Herstellung eines erzählerischen Gefälles auszuwerten" (*Jürgen Roloff*: Markusevangelium. S. 290).

durch die Ortsadverbien ἐκεῖθεν, κἀκεῖθεν („[und] von dort": 6,1; 7,24; 9,30; 10,1) und πάλιν („wieder" im Sinne von „zurück": 5,21; 7,31; vielleicht auch 11,3; 14,40) betont. Daß diese verbindenden Ortsadverbien viel seltener als die entsprechenden Zeitadverbien εὐθύς (42-mal) und πάλιν (29-mal) vorkommen, wird darin begründet sein, daß Markus für sein Itinerar Jesu zwar genügend geeignete Ortsangaben zur Verfügung standen, aber in den Kapiteln 1 bis 10 keine Zeitangaben für eine dem Itinerar korrespondierende Chronologie (s. o. S. 53-55).

Diese Ortsangaben spiegeln – anders als die nicht „datierbaren" Zeitangaben –, wie die Erwähnung der Dekapolis zeigt (s. o. S. 72-79), ferner die des „Königs" Herodes (s. o. S. 33-35), wohl auch die von „Judäa jenseits des Jordans" (s. o. S. 102-105) und indirekt die der Schleifung des Tempels (13,2; s. o. S. 39-41), nicht die politische und topographische Situation zur Zeit Jesu, der erzählten Zeit, sondern der des Erzählers, der Zeit, in der Markus sein Evangelium schrieb, wohl nur wenige Jahre nach dem Ende des 1. Jüdischen Krieges.

Zudem hat der Evangelist die ihm zur Verfügung stehenden Ortsangaben nicht zuletzt und vor allem benutzt, um seinen Stoff zu gliedern[250], was allein mit Hil-

---

250 Vgl. *Ingrid Baumgärtner; Paul-Gerhard Klumbies; Franziska Sick*: Raumkonzepte. Zielsetzung, Forschungstendenzen und Ergebnissse. In: Ingrid Baumgärtner; Paul-Gerhard Klumbies; Franziska Sick (Hg.). Unter Mitwirkung v. Mareike Kohls: Raumkonzepte. Disziplinäre Zugänge. Göttingen 2009. S. 9-25, dort S. 23; s. u. S. 128f.
Hier wird, anders als *Eve-Marie Becker*: Konzepte. S. 112f., meint, nicht „nur vordergründig auf die Lokalisierung von Ereignisfolgen" gezielt. Ob es sich um „spatielle Typisierungen" handelt, die letztlich „zur Sinngebung der Gesamterzählung führen", mag offen bleiben.

fe der wenigen vorhandenen und dafür brauchbaren Zeitangaben nicht möglich gewesen wäre, wohl aber in Verbindung mit ihnen.[251] Im Rückblick auf den eingangs erwähnten Hinweis Ciceros aus „De oratore" (II 63) – *rerum ratio ordinem temporum desiderat, regionum descriptionem* – kann man sagen, daß Markus sein *ordo temporum*, die *zeitliche Folge der Begebenheiten*, halbwegs gelungen ist, jedoch nur als relative Chronologie; die absolute Chronologie ist er dem Leser schuldig geblieben: Er gibt ihm keinen Anhalt, das, was er berichtet, sich in einer sinnvollen Anordnung auf einer Zeitleiste vorzustellen, weil er in einem zeitlichen Nacheinander nur undatierte oder nicht genau datierbare Episoden erzählt.

Schuldig geblieben ist er aber auch die *regionum descriptio*, die *Ortskunde*. Denn Markus geht es bei der Erwähnung von Orten eben nicht um die Beschreibung von Schauplätzen und deren Besonderheiten – abgesehen von 5,2-13, wo sie unerläßlich ist –, sondern sein Erzählinteresse zielt zuerst auf deren Aufeinanderfolge, auf seine An- und Zuordnung von Stationen des Itinerars Jesu, das den Rahmen seiner Geschichte der Offenbarung Gottes in Jesus von Nazaret abgibt. Innerhalb dieser Geschichte sind die Orte, Territorien und topographischen Gegebenheiten als solche für den Evangelisten offenbar weniger oder gar nicht von eigenem Interesse, außer daß sie mit bestimmten Episoden aus dem Leben Jesu verknüpft sind, gleich ob Markus diese Verknüpfungen vorgefunden oder sie selber vorgenommen hat. Versteht man das an Bedeu-

---

[251] S. a. *Ludger Schenke*: Markusevangelium. S. 61f., der jedoch zu anderen Ergebnissen kommt.

tungen reiche Wort *descriptio* in *regionum descriptio* aber, anders als Harald Merklin in seiner Übersetzung von „De oratore", nicht als *Beschreibung*, sondern als *Ordnung* im Sinne von An- oder Zuordnung, wie auch bei Cicero belegt, ist dem Evangelisten dies sehr gut gelungen.

Vor diesem Hintergrund scheint mir die These von Paul-Gerhard Klumbies nicht zuzutreffen, daß das Raumverständnis im Markusevangelium kreuzförmig sei[252], insofern nämlich die Kapitel 1 bis 10 von Nord nach Süd ausgerichtet seien und die Nacht- und Tagseite repräsentierten, während die von Ost nach West ausgerichteten Kapitel 11-16 die Welt in eine Sonnenaufgangs- und eine Sonnenuntergangsseite teilten. Fragwürdig ist schon, daß die Kapitel 1 bis 10 eine Nord-Süd-Ausrichtung haben sollen, geht es doch in den Kapiteln 1-9 – außer in 9,30-50 – wohl nach Westen, Osten und Norden, aber nicht nach Süden, wobei bei den Wanderungen oder Überfahrten Jesu die Himmelsrichtung nur annähernd angegeben werden kann, weil Markus sich nicht nur über die genauen Wegverläufe oder Landeplätze am See Gennesaret ausschweigt, sondern auch nirgends eine Himmelsrichtung erwähnt. Erst in Kapitel 10 geht es nach Süden, weil der Jordan-Grabenbruch und die geographische Lage von Galiläa und Jerusalem schwerlich etwas anderes zulassen.

Diese Nord-Süd-Ausrichtung ist eindeutig eine vorgegebene metahistorische, geographische und höchstwahrscheinlich auch historische, aber keinesfalls eine theologische oder mythische – es sei denn, man trage diese in die Erzählung des Evangelisten ein.

---

[252] *Ingrid Baumgärtner; Paul-Gerhard Klumbies; Franziska Sick*: Raumkonzepte, dort S. 22; *Paul-Gerhard Klumbies*: Raumverständnis. S. 28 u. 48.

Das gilt entsprechend für die Ost-West-Ausrichtung der Passionsgeschichte[253]: Aufgrund der topographischen Gegebenheiten, die sich seit der Oberen Kreidezeit nicht wesentlich geändert haben dürften[254], liegt nun einmal der Ölberg mit Betanien und Betfage sowie Getsemani östlich des bei Jerusalem von Nord nach Süd verlaufenden Kedrontales und der Tempel und Golgota westlich davon[255]. Auch dies ist eine vorgegebene metahistorische, topographische Realität und keine theologische oder mythische[256]. Überdies dürfte Pilatus vermutlich andere Gründe für die Wahl Golgotas als Hinrichtungsstätte gehabt haben als die mythische Zuordnung von Heils- und Unheilsorten[257].[258]

Aber ist das Raumverständnis des Markus nicht dennoch kreuzförmig? Der Nord-Süd-Verlauf des Itinerars Jesu beginnt in Kafarnaum (10,1a mit 9,33) und endet an irgendeinem Punkt im „Gebiet von Judäa jenseits des Jordans" (10,1a), von dem aus der Weg in einen Verlauf von ONO nach WSW übergeht (10,32), der über Jericho, den Ölberg mit Betanien und Betphage nach Jerusalem führt. Dieser Weg hat jedoch nicht die Form eines Kreuzes und damit auch nicht den einer Kreuzung wie der von Cardo und Decumanus[259], sondern eher die eines nach links gewandten Eishockeyschlägers. Ich vermag in der „kognitiven Karte" des Markus und damit in den von ihm erzählten Bewegungen Jesu keine „mythische Rationalität"[260] zu

---

253 *Paul-Gerhard Klumbies*: Raumverständnis. S. 30-33.
254 S. *Yehuda Karmon*: Israel. S. 9-12.
255 S. *Max Küchler*: Jerusalem. S. 416-425.
256 *Paul-Gerhard Klumbies*: Raumverständnis. S. 29.
257 *Paul-Gerhard Klumbies*: Raumverständnis. S. 43.
258 S. *Max Küchler*: Jerusalem. S. 417, vgl. dazu 15,29-32.40.
259 *Paul-Gerhard Klumbies*: Raumverständnis. S. 47-49.
260 *Paul-Gerhard Klumbies*: Raumverständnis. S. 29 u. 49.

erkennen, sondern nur eine Anpassung an die geographische oder topographische Realität, auch wenn das Evangelium keineswegs frei ist von unübersehbaren Spuren eines mythischen Weltbilds.

4. Zeitablauf und Ortswechsel

Vergleicht man die Orts- und Zeitangaben in den Kapiteln 1 bis 10 mit denen der Kapitel 11 bis 16, fällt zunächst auf, daß die Ortsangaben in den Kapiteln 1 bis 9 sich drei Kreisen oder eher Ellipsen zuordnen lassen. Und zwar geht es in **1,14-4,34** (129 Verse) um *„Galiläa"* (1,14) oder *„ganz Galiläa"* (1,39), um den Ort *„Kafarnaum"* (1,21; 2,1) und den *„Galiläischen See"* mit seinem Westufer (1,16^{bis}; 2,13; 3,7; 4,1^{ter}), also ein begrenztes Gebiet westlich vom oder am See Gennesaret, in dem lediglich ein Ort, ein Territorium und der Galiläische See als topographische Gegebenheit begegnen.

In **4,35-7,23** (128 Verse) kommt im Itinerar das *„jenseitige Ufer"* (4,35), das Ostufer mit dem *„Gebiet der Gergesener"* und der *„Dekapolis"*, hinzu (5,1.20), dann aber auch wieder das Westufer (5,21) und Nazaret, die *„Vaterstadt"* Jesu (6,1) samt *„den Dörfern ringsum"*, abermals das Westufer (6,31f.), sodann *„Gennesaret"* (6,53; s. o. S. 90f.) und das dazu gehörige *„ganze Land"* (6,55). In diesem Abschnitt des Evangeliums erwähnt Markus weitere drei Orte mit oder ohne Umland und ein bisher ungenanntes Territorium, dazu erneut siebenmal den See (5,1.13^{bis}.21; 6,47.48.49).

Mit **7,24-9,50** (100 Verse) wird der Wirkungskreis Jesu nochmals, und zwar erheblich, erweitert, nämlich nach Norden um *„die Gegend von Tyrus und Sidon"* (7,24.31) und später die *„Dörfer von Caesarea Philippi"* (8,27). Zwischenhinein kommen mit dem Ostufer des *„Galiläischen Sees inmitten des Gebietes der Dekapolis"* (7,31), dem am Westufer zu verortenden *„Gebiet von Dalmanuta"* (8,10) und dem am (Nord-)

Ostufer gelegenen *„Betsaida"* (8,13.22) wiederum beide Ufer des Sees in den Blick, bevor Jesus mit den Jüngern durch *„Galiläa"* zieht (9,30) und schließlich erneut in *„Kafarnaum"* (9,33; fehlt in 4,35-7,23!) ankommt, wo Jesu Wirken seinen Anfang genommen hatte (1,21): Der Kreis hat sich geschlossen. Markus nennt hier weitere drei – mit Tyros und Sidon fünf – Orte, mehrheitlich mit Umland, und mit dem „Gebiet von Tyros und Sidon" ein Territorium, das bisher nicht im Itinerar genannt wurde. Der *„Galiläische See"* wird da ein letztes Mal erwähnt (7,31).

Wirft man einen Blick auf eine Landkarte, um die Wege des markinischen Jesus in den drei Abschnitten 1,14-4,34, 4,35-7,23 und 7,24-9,50 zu verfolgen, ist unschwer zu erkennen, daß der wachsenden Anzahl der genannten Orte und Territorien auch eine Steigerung der zurückgelegten Wegstrecken entsprechen dürfte – es ist unübersehbar: Das Ende in Jerusalem kommt immer näher, ein erzählerisches Achtergewicht macht sich bemerkbar, zumal zum letzten dieser Abschnitte auch noch die beiden ersten der drei Leidensankündigungen und die Verklärung gehören.

Alles in allem eine sehr überlegte Darstellung – man könnte fast vermuten, der Verfasser des Evangeliums habe in Ciceros *De oratore* gelesen, wie dieser den Antonius von der Mnemotechnik des Simonides von Keos erzählen läßt: ... *ordinem esse maxime, qui memoriae lumen adferret* (II 353), „... daß es vor allem die Anordnung [sc. der Orte oder Plätze] sei, die zur Erhellung der Erinnerung beitrage"[261]: Zuerst wirkt Jesus im Westen des Sees Gennesaret, dann im Osten und Westen und schließlich im Norden, Osten und Westen: Sein Wirkungsbereich weitet sich immer mehr aus. Daß diese Zäsuren nicht ganz willkürlich gesetzt sind, wird dadurch unterstrichen, daß jeder dieser drei Abschnitte mit einem Zäsurvers beginnt (1,14f.; 4,35; 7,24a) und mit einer Belehrung der Jünger endet, die nicht verstehen können, obwohl sie es dürften (4,11f.), nämlich mit 4,10-25.(26-32).33f.; 7,17-23 und 9,33-50. Für das südlich gelegene Samaria lagen Markus anders als Lukas und Johannes offenkundig keine mit diesen Territorium verknüpften Episoden vor.

Daß sich all dies nach Ansicht des Markus offenbar über keinen sehr großen Zeitraum erstreckt, macht zweierlei deutlich: Zum einen finden sich lediglich zwei mittelbare Hinweise auf die Zeit um das Passafest (2,23; 6,39), auch wenn nicht sicher ist, ob hier die Passazeit eines oder zweier Jahre gemeint ist; zum anderen gibt das öfter gebrauchte εὐθύς der zeitlichen Anordnung des Stoffes immer wieder etwas vorwärts Drängendes, während das auch häufig vorkommende und auf schon Geschehenes zurückweisende πάλιν gleichsam ein eng verknüpfendes Netz über diese Kapitel spannt und auf diese Weise immer wieder Vergangenes vergegenwärtigt. Letztlich ist aber Markus anscheinend an der genauen Zeitdauer des Wirkens Jesu vor den Tagen in Jerusalem nicht interessiert –

---

261 *Harald Merklin*: Cicero. De oratore. S. 433; vgl. dazu II 354 u. Luciani opera. Tomus III. Libellus 59: Hist. Conscr. 51. S. a. *Ingrid Baumgärtner; Paul-Gerhard Klumbies; Franziska Sick*: Raumkonzepte. S. 23; *Karin Wenz*: Linguistik. In: Raumwissenschaften. S. 213f.

oder er verzichtet auf Mutmaßungen, weil ihm zuverlässige Daten fehlen.

Es folgt *„von dort"*, vom „Zu-Hause" Jesu im galiläischen Kafarnaum (9,33; s. o. S. 62f.), der Aufbruch nach Jerusalem **(10,1-52)**. Nach 10,1a, gleichfalls ein Zäsurvers, führt der Weg dorthin zunächst in das *„Gebiet von Judäa jenseits des Jordans"* und dann nach *„Jericho"* (10,46a), wo der lange, beschwerliche und gefährliche (L 10,30!) Aufstieg durch die Wüste Juda nach Jerusalem beginnt – in 27 km von –250 m auf +790 m; die später unter Hadrian erbaute Römerstraße gab es noch nicht. Im Begriff, mit den Jüngern und viel Volk Jericho zu verlassen (10,46b), heilt Jesus den blinden Bartimäus. Der weiß, wer ihm in Jesus begegnet ist, und folgt ihm als Jünger auf dem *„Weg"* nach Jerusalem (10,52) – das Gegenbild zu den Zwölf, die immer noch nicht verstehen. *„Weg"* begegnet allein in diesem Kapitel viermal (10,17.32.46.52) – in den Kapiteln 1 bis 9 kommt es nur sechsmal vor (2,23; 6,8; 8,3.27; 9,33f.), dazu je zweimal in der Zitatenkombination, die das Evangelium eröffnet (1,2f.), sowie in einem Gleichnis samt Deutung (4,4.15) – und bringt dadurch ebenfalls ein gewisses Vorwärtsdrängen in die Erzählung, so daß es eines εὐθύς nicht mehr bedarf, um die Leser wissen zu lassen, daß das Ziel, Jerusalem, bald erreicht sein wird. Zugleich verbindet der „Weg" aus dem Mischzitat in 1,2f. den Anfang des Evangeliums mit dem „Weg nach Jerusalem" in Kapitel 10. Dem trägt der Evangelist weiter dadurch Rechnung, daß er auch diesen Abschnitt wieder mit dem Thema Jüngernachfolge beendet, diesmal jedoch nicht mit einer Jüngerbelehrung, sondern einer Heilungsgeschichte als einer Art Nachfolgeparadigma (10,46-52a). Es schließt mit dem Satz: „Und er folgte ihm auf dem Weg" – καὶ ἠκολούθει αὐτῷ ἐν τῇ ὁδῷ (10,52b).

Sehen wir von 2,23 und 6,39 ab, ist keines der geschilderten Ereignisse, die im Markusevangelium aufeinander folgen, auch nur annähernd in den Ablauf eines Kalenderjahres einzuordnen.

Das ändert sich aber in den folgenden Kapiteln: In den Kapiteln 11 bis 13 haben wir es zunächst mit drei aufeinander folgenden Tagen zu tun, die einerseits offenbar nahtlos an Kapitel 10 anschließen und andererseits in einem vom Evangelisten jedoch nicht näher beschriebenen zeitlichen Zusammenhang mit den Geschehnissen der Kapitel 14 bis 16 (14,49!) stehen. Letztere lassen sich anders als alle vorherigen Daten erstmals einem bestimmten Monat, jedoch nicht mit Sicherheit auch einem bestimmten Jahr zuordnen (s. o. S. 42-48).

Nachdem Jesus mit seinen Jüngern in Jerusalem angekommen ist, schildert der Evangelist das Geschehen in den Kapiteln **11 bis 13** in einem Dreitage-Rhythmus – meist mit Tagesbeginn und/oder -ende: Jesus besichtigt zuerst mit den Jüngern den *„Tempel"*[262] und geht dann, *„als es schon Abend geworden war"*, *„nach Betanien"* hinaus. **(11,11**, 11 Verse**).** *„Am nächsten Tag"* (8 Verse) bricht Jesus von *„Betanien"* auf, vertreibt Käufer, Verkäufer und Geldwechsler aus dem *„Tempel"* und verläßt wiederum, *„als es spät geworden war"*, die *„Stadt"*, um vermutlich abermals in Betanien zu übernachten **(11,12.15.19)** – auch wenn der Ort nicht genannt ist, ergibt es sich aus dem Kontext (s. 14,3). Am

---

262 Ortsangaben kursiv, Zeitangaben im folgenden kursiv und unterstrichen.

dritten Tag (93 Verse) bricht Jesus *„früh"* auf, kommt mit den Jüngern nach *„Jerusalem"* und lehrt im *„Tempel"* (**11,20.27**-12,44), geht dann aus dem *„Tempel"* hinaus (13,1f.) und hält schließlich, nachdem er Petrus, Jakobus, Johannes und Andreas zur Seite genommen hat, vor ihnen *„auf dem Ölberg angesichts des Tempels"* (13,3) seine Rede von der Endzeit (13,5-37). Sie schließt mit der Aufforderung: „Wachet!" (13,37) – wie und wo dieser Tag endet, läßt der Evangelist offen. Aber jeder dieser drei Tage hat sein besonderes Gesicht: Am ersten Tag besichtigt Jesus den Tempel (11,11), am zweiten „reinigt" er ihn (11,15-17), und am dritten lehrt er im „gereinigten" Tempel (11,27-12,44) und ihm gegenüber (13,3-37) und weissagt vorab dessen Untergang (13,2). Dem dreigeteilten Wirken Jesu in und um Galiläa (s. o. S. 127-129) korrespondieren hier die drei Tage im Tempel und ihm gegenüber. Das Wort ἱερόν kommt übrigens nur in den Kapiteln 11 bis 13 (8x) und in 14,49 vor, wo an die Kapitel 11 bis 13 erinnert wird, also insgesamt 3x3 Male; es fehlt aber in der eigentlichen Passionsgeschichte. Ist dort vom Tempel die Rede, bezeichnet ihn Markus als ναός (3x), womit eher das eigentliche Tempelhaus gemeint sein dürfte, während bei ἱερόν der ganze Tempelkomplex im Blick sein wird, wie etwa 11,11 nahelegt.

Besonders auffällig ist, daß die Erzählzeit des dritten Tages mit ihren 93 Versen im Verhältnis zur erzählten Zeit[263] dieser drei Tage (112 Verse) außerordentlich ausgedehnt ist. Sie besetzt 83 % der Erzählzeit in den

---

[263] Zu „Erzählzeit" und „erzählter Zeit" s. *Harald Weinrich*: Tempus. Besprochene und erzählte Welt. 6. Aufl. München 2001. S. 36-38.

Kapiteln 11 bis 13 und 14 % der Erzählzeit des ganzen Evangeliums.

In den drei Kapiteln 11 bis 13 wechselt Jesus zwischen Betanien und dem Tempel in Jerusalem hin und her. Nur der letzte dieser drei Tage endet am Ölberg (13,3), ohne daß er mit einer Orts- und/oder Zeitangabe wie in 11,11.19 abgeschlossen wird. Zudem legt 14,49 nahe, daß er für Evangelisten nicht der letzte Tag gewesen ist, an dem Jesus im Tempel gelehrt hat (s. o. S. 38f.).

Das oft erwähnte Schema einer siebentägigen Passionswoche[264] dürfte ein Irrtum sein, wenn man sich dafür auf Markus oder Lukas beruft: 14,1f. schließt eben nicht nahtlos an 13,37 an – wie Mt 26,1f. an Mt 25,46. Ebenso wie bei Markus verhält es sich bei Lukas (vgl. L 19,47; 20,1; 21,37f.). Es ist nämlich alles andere als sicher, daß die Kapitel 11 bis 16 die letzte Lebenswoche Jesu umfassen. Denn den drei Tagen in 11 bis 13 folgen ab 14,1 mit dem 13. Nisan noch der 14. und 15. Nisan, an dem Jesus stirbt. Das sind sechs Tage. Nimmt man mit dem 16. und 17. Nisan noch den Sabbat und den darauf folgenden ersten Tag der Woche hinzu, sind es acht Tage, wobei zu bedenken ist, daß aufgrund von 14,49 die Vermutung nicht von der Hand zu weisen ist, daß für Markus der Aufenthalt Jesu in Je-

---

[264] So z. B. *Hans-Martin Schenke; Karl Martin Fischer* unter Mitarbeit von Hans-Gebhard Bethge u. Sabine Schenke: Einleitung in die Schriften des Neuen Testaments. Bd. II. Die Evangelien und die anderen neutestamentlichen Schriften. Gütersloh 1979. S. 65.

rusalem vor 14,1 länger gedauert haben dürfte (s. o.).²⁶⁵ Dennoch legen die Kapitel 14 bis 16 nahe, daß Markus auch die drei vorangehenden Kapitel zeitlich wohl in den Nisan einordnet.

Die Lage spitzt sich zu. Dieser Eindruck wird durch die Art der Erzählung in den Kapiteln **14 und 15**, die mit dem Zäsurvers 14,1a beginnen, vertieft: Jetzt nennt der Evangelist nicht mehr nur Anfang und Ende eines Tages und berichtet auch nicht mehr nur vom Wechsel zwischen zwei Orten, sondern es geht von 14,3 an um Tageszeiten und wechselnde Örtlichkeiten in einem einzigen Ort, nämlich in Jerusalem oder in unmittelbarer Nähe der Stadt, und um ganz bestimmte Wochen- und Kalendertage. Kapitel 14 setzt mit einer genauen Zeitangabe ein, dem **13. Nisan**, einem Mittwoch (11 Verse): *„Es war das Passa und das Fest der ungesäuerten Brote nach zwei Tagen"* **(14,1)**. Und dann folgt auch schon – nicht weniger genau – der Ort, an dem das, was nun geschehen wird, seinen Ausgang nimmt: *„in Betanien, im Haus des leprakranken Simon"*, wo er *„zu Tisch lag"* (14,3). Dort wird Jesus von einer unbekannten Frau gesalbt, die so die Salbung vorwegnimmt, für die die beiden Marien und Salome am Tag nach dem Sabbat wohlriechende Öle einkaufen werden (16,1).

---

265 Die Prämisse von *Paul-Gerhard Klumbies*: Raumverständnis. S. 25, daß 11-16 „die Ereignisse der letzten Lebenswoche Jesu" schildern, geht also fehl. Das gilt auch für *Bärbel Bosenius*: Raum. S. 418, die diese drei Tage von Kapitel 11-13 für die „ersten drei Tage seiner letzten Lebenswoche" hält. Zumindest fragwürdig ist gleichfalls die Annahme von Paul-Gerhard Klumbies, daß die Kapitel 1-10 nur einen Zeitraum umfassen, „der unter einem Jahr bleibt" (ebda.), wie o. S. 47f. gezeigt.

„Am ersten Tag der ungesäuerten Brote" (**14,12**) – eigentlich der 15. Nisan; Markus zählt hier offenbar nach römischer Weise den Tag von Mitternacht an, meint aber den **14. Nisan** (5 Verse), einen Donnerstag – fragten die Jünger Jesus, als gegen Mittag *„die Passalämmer geschlachtet wurden"*, wo sie *„das Passamahl bereiten"* sollten (14,12). Er beauftragte zwei von ihnen, sich um ein *„großes Obergemach"* zu kümmern (14,13-15). Sie gingen *„in die Stadt"*, fanden es und *„bereiteten das Passamahl"* am Nachmittag (14,16).

„Am Abend" (**14,17**), also nach Sonnenuntergang – der **15. Nisan**, ein Freitag (102 Verse), war angebrochen –, *„aß"* Jesus mit den Jüngern (14,18) und ging mit ihnen, *„als sie den Lobgesang gesungen hatten"*, den zweiten Teil des Hallel, *„hinaus zum Ölberg"* (14,26). Unterwegs sagte er ihnen, daß er nach der Auferweckung ihnen voraus *„nach Galiläa"* gehen werde (14,28). Sie begaben sich *„zu einem Stück Land, das Getsemani hieß"* (14,32). Kein anderer Evangelist hat das, was nun folgt (14,33-42), so dunkel gezeichnet wie Markus. Jesus wird von den Häschern der Hohenpriester, Schriftgelehrten und Ältesten (vgl. 8,31) ergriffen, *„zum Hohenpriester"* gebracht (14,53) und verhört, während Petrus *„unten im Hof"* war (14,54.66). Er setzte sich dort mit den Mägden des Hohenpriesters auseinander und ging dann *„hinaus in den Vorhof"*, *„und der Hahn krähte"* (14,68) – wohl gegen drei Uhr – und danach noch *„ein zweites Mal"* (14,72). *„Gleich am Morgen"*, also vermutlich gegen sechs Uhr – faßten die Hohenpriester zusammen mit den Ältesten und Schriftgelehrten und dem ganzen Hohen Rat einen Beschluß und übergaben Jesus *„an Pilatus"* (15,1). Nachdem dieser ihn zum Tode verur-

teilt hatte, führten Soldaten Jesus „*in den Palast, das heißt in* [das] *Prätorium*" (15,16), wo er gefoltert und verspottet wurde. Danach brachten sie ihn „*zu der Stätte Golgota*" (15,22) und kreuzigten ihn in der „*dritten Stunde*" (15,25). „*Zur sechsten Stunde*" kam eine Finsternis übers ganze Land „*bis zur neunten Stunde*" 15,33). „*Und in der neunten Stunde* schrie Jesus laut: Eloi, Eloi, lema sabachtani?" (15,34: Ps 22,2), schrie abermals laut und verschied (15,37) – was schon für die Getsemani-Szene galt, gilt auch hier: Kein anderer Evangelist hat die Verurteilung und Kreuzigung Jesu in so dunklen Farben beschrieben wie Markus, und keine der vielen Triaden[266] ist so schwarz wie diese mit den drei Zahlen drei, sechs und neun. „*Und als es schon Abend wurde – denn es war Rüsttag, das heißt, der Tag vor dem Sabbat*", ging Josef von Arimatäa „*zu Pilatus*" (15,42f.), erbat den Leichnam Jesu, legte ihn, in ein Leinentuch gewickelt, „*in ein Grab, das in einen Felsen gehauen war*" und wälzte einen Stein vor den Eingang zum Grab (15,46).

Eine Pause trat ein: der Sabbat (16,1), der Tag, den Gott segnete und heiligte und an dem er von all seinem Werk ruhte (Gen 2,3).

Wie in den Kapiteln 11 bis 13 ist auch in den Kapiteln 14 und 15 die Erzählzeit des dritten Tages, des 15. Nisan, mit diesmal sogar 102 Versen im Verhältnis zur erzählten Zeit dieser drei Tage vom 13. bis zum 15. Nisan (118 Verse) überaus weit ausgedehnt. Sie beansprucht sogar 86,5 % der Erzählzeit und 15,5 % der

---

[266] *Gert Lüderitz*: Rhetorik. S. 186-188, zeigt an vielen Beispielen auf, daß Markus auch im kleinen eine ausgeprägte Vorliebe für Triaden hat; s. a. u. S. 155-158 den Vorschlag für den Aufbau des Markusevangeliums.

Erzählzeit des Evangeliums. Und wie in den Kapiteln 11 bis 13 sind die Ereignisse wohlgeordnet auf die drei Tage verteilt: Am ersten Tag wird Jesus für seinen Tod gesalbt und von Judas verraten, am zweiten das letzte gemeinsame Mahl vorbereitet. Am dritten wird dieses Mahl gefeiert und der Verrat in die Tat umgesetzt, von der Gefangennahme bis zum Tod am Kreuz und zum Begräbnis, für das Jesus ja schon gesalbt ist.

Die Kapitel 11 bis 13 und 14 bis 15 haben also jeweils ein Drei-Tage-Schema. Dieser Aufteilung gemeinsam ist das recht beachtliche Achtergewicht des jeweils letzten Tages (11,20-13,37 u. 14,17-15,46) und die analoge Verteilung der Erzählzeit auf die drei Tage: Beide Male entfällt auf den mittleren Tag die geringste Erzählzeit (11,12-19 u. 14,12-16), während der jeweils erste Tag (11,1-11 u. 14,1-11) etwas mehr davon beansprucht. Es ist, als würde noch einmal Atem geholt für das, was nun kommen wird.

„Nachdem der Sabbat" (der **16. Nisan**), auf den nur zwei Randnotizen in 15,42 und 16,1 hinweisen, *„vergangen war"*, kauften die beiden Marien und Salome, die Jesus zusammen mit anderen *„in Galiläa"* gefolgt waren und gedient hatten (15,40f.), noch am Abend (des **17. Nisan**, 8 Verse) wohlriechende Öle ein, um den toten Jesus zu salben (**16,1** – Zäsurvers). Es wurde Nacht, und eine gewisse Ruhe kehrte ein. Das unerbittliche Drei-Stunden-Staccato wechselt zurück in einen Tagesrhythmus – wie in den ersten drei Jerusalemer Tagen.

„Sehr früh am ersten Tag der Woche, als die Sonne aufging", kamen die drei Frauen *„zum Grab"* (16,2) und sahen statt des Leichnams Jesu einen jungen Mann in einem langwallenden, weißen Gewand, der ihnen

sagte, daß Jesus, der „*Nazarener*", der Gekreuzigte, auferweckt sei, und ihnen auftrug, den Jüngern und Petrus zu sagen, daß er ihnen „*nach Galiläa*" vorausgehe, wo sie ihn sehen werden (16,6f.). Und so endet das Evangelium in 16,8 (mit ℵ B 304 sy^s sa^{mss}[267] arm^{mss}; Eus[268] Eus^{mss} Hier^{mss}) in Übereinstimmung mit den drei Leidens- und Auferstehungsvoraussagen in 8,31; 9,31 und 10,33f.: Dort ist von Erscheinungen des Auferstandenen keine Rede. Sie gehören nicht mehr in das Evangelium, das Jesus verkündigt hat, und damit auch nicht in die Geschichte des Jesus von Nazaret, die Markus erzählt.

Nazaret und *Galiläa* sind nach dem Bericht über das Auftreten des Täufers (1,2-8) die ersten topographischen Namen, die in der markinischen Biographie Jesu begegnen, als Jesus aus *Nazaret* in *Galiläa* im Prolog des Evangeliums den Schauplatz betritt (1,9). Es endet im Epilog damit, daß ein Engel die drei Frauen beauftragt, den Jüngern auszurichten, daß Jesus, der *Nazarener*, nicht im Grabe sei, sondern ihnen nach *Galiläa* vorausgehe, wo sie ihn sehen werden (16,6f.). Der topographisch eng umgrenzte Kreis schließt sich: Dort, wo der Irdische zuerst verkündigend auftrat und seine Jünger berief, werden sie den Auferweckten sehen: Der Irdische ist der Auferweckte, seine Identität mit dem

---

[267] Angemerkt sei, daß die hier gemeinte sahidische Handschrift PPalau Rib. Inv.-Nr. 182 – wie unter den griechischen Handschriften als einzige ℵ – gegen die gesamte bekannte sahidische Überlieferung sowohl υἱοῦ θεοῦ in 1,1 ausläßt als auch mit 16,8 endet (s. *Peter Weigandt*: [Rezension von:] Hans Quecke: Das Markusevangelium saïdisch. Text der Handschrift PPalau Rib. Inv.-Nr. 182 mit den Varianten der Handschrift M 569. Barcelona 1972. = PapyCast 4. In: Biblica 60 (1979) S. 133-138, dort S. 136-138).

[268] Eus., que. Marin. 1 (PG. Bd. 22. Paris 1857. S. 937).

Irdischen ist gesichert[269] (vgl. 1,11; 9,7 und 15,39). Dazu bedarf es keines Hinweises auf die Leiblichkeit, gar Fleischlichkeit des Auferweckten, wovon Lukas und Johannes (L 24,36-43; J 20,24-29) wie auch Matthäus (Mt 28,9) berichten.

---

[269] Vgl. *Karl Kertelge*: Die Epiphanie Jesu im Evangelium (Markus). In: WdF. Bd. 411. S. 259-279, dort S. 277f.; *Eve-Marie Becker*: Einführung. S. 8f.; *dies.*: Konzepte. S. 114; *Udo Schnelle*: Einleitung. S. 273.

5. Das Zeit-Raum-Gefüge

Markus hat seinem Werk ein wohlüberlegtes, in sich stimmiges und tief reflektiertes Zeit-Raum-Gefüge geschaffen[270], das im Prolog 1,1 bis 13 mit der Taufe des Jesus aus Nazaret in Galiläa beginnt und in 16,6f. mit der Botschaft des Engels an die Frauen im leeren Grab – der gekreuzigte Jesus aus Nazaret ist auferweckt und seine Jünger werden ihn in Galiläa sehen – und deren Flucht endet (16,8): Jesu Prophezeiung in 14,27 (vgl. Zch 13,7) hat sich erfüllt: Judas, der ihn verriet (14,10f.45), seine Jünger (14,50-52), Petrus, der ihn verleugnete (14,68.71), und nun auch die Frauen, sie alle haben Jesus verlassen. Kein anderer Evangelist hat das Geschehen am leeren Grab so kraß beschrieben wie Markus (vgl. Mt 28,8-10; L 24,9-11; J 20,11-18) und vorher schon die Getsemani-Szene, das Verhör durch Pilatus und die Kreuzigung. In Galiläa beginnt eine neue Zeit, die den Lesern bekannt und vertraut ist und die nicht mehr in das „Evangelium Gottes" gehört, das Jesus aus Nazaret verkündigt hat (1,14), weil in ihr von nun an das „Evangelium von Jesus Christus" (1,1) verkündigt werden wird: Der Genetivus subiectivus (oder auctoris) „Jesu Christi" in 1,1 ist zu einem Genitivus obiectivus geworden, der Verkündiger des „Evangeliums Gottes" zum im Evangelium Verkündigten wie in 13,10 und 14,9 angedeutet, wo für einen Augenblick schon die Zeit des Erzählers und seiner Leser aufscheint. Beendet ist die Zeit, in der nicht nur die

---

270 S. a. *Günther Zuntz*: Evangelium. S. 70; *ders*: Ein Heide las das Markusevangelium. In: Markus-Philologie. S. 205-222, dort S. 214 u. 221f.; *Hubert Cancik*: Evangelium. S. 99.

„Draußen", sondern auch die Jünger „sehend sehen und nicht erkennen, und hörend hören und nicht verstehen" (4,11f.[271]; vgl. 4,21f. u. 9,9). Wohl treibt Markus im Evangelium den Zeitablauf mit seinen Mitteln voran, beschleunigt ihn gleichsam und nimmt zum Schluß das Tempo wieder zurück. Er verzichtet jedoch im Itinerar der Kapitel 1 bis 10 anders als in Kapitel 11 bis 13 und in der Passionsgeschichte auf eine das Geschehen begleitende und strukturierende Chronologie. Die Überlieferungen, über die er verfügte, boten ihm offenbar keinen Anhalt dafür: Was ihm zur Hand war, hatte anscheinend im Zweifelsfall eine Ortsbindung, aber keine überlieferte Verankerung im Ablauf der Zeit.

Auffällig ist eine weithin vorhandene Korrespondenz zwischen Ortswechsel und Zeitablauf: In den Kapiteln 1 bis 10 wechseln Namen von Orten und Territorien mit allgemeinen topographischen Begriffen wie „See", „Ufer", „Berg", „Stadt", „Dorf" u. a. Auch „Haus", „Boot" und „Weg" fehlen nicht, ebenso wenig die für Markus typischen Wendungen, die den Lesern verdeutlichen, daß sie ja längst wissen, was den Jüngern gesagt wird, ohne daß diese es begreifen. Das kann „zu Hause" (9,33) sein, „im Haus" (10,10), „allein" (4,10; 9,2), „für sich" (4,34; 6,31f.; 9,2.28; 13,3), an „einem einsamen Ort" (6,31f.), auf der Fahrt „ans gegenüberliegende Ufer" (8,13) oder „auf dem Weg" (8,27; 10,33f.) Dem entsprechen einerseits die manchmal genauen Zeitangaben wie „schon drei Tage" (8,2) oder „nach sechs Tagen" (9,2) oder eine Tageszeit wie „um die vierte Nachtwache" (6,48), „in der Frühe, als es noch ganz

---

[271] Vgl. dazu *Peter Weigandt*: parabolái. S. 214-216 [12.1-6].

dunkel war" (1,35) oder „als es Abend geworden war" (4,35) und andererseits so ungenaue oder ungefähre Zeitangaben wie „nach einigen Tagen" (2,1), „in jenen Tagen" (8,1), „an einem Sabbat" (2,23) oder „ein wenig" (6,31), „Tag für Tag" (14,49) oder das häufige „alsbald" oder „sodann" (εὐθύς).

Manches bleibt etwas in der Schwebe und läßt sich weder in Zeit noch Raum richtig verorten. Dennoch gliedern allein die Ortsangaben diese Kapitel und richten sie auf das Ziel Jerusalem aus. Sie beginnen in 1,14.16 mit *Galiläa* und *Kafarnaum* und enden mit *Galiläa* und *Kafarnaum* in 9,30.33. Beide topographische Angaben rahmen die ersten neun Kapitel, woran sich in Kapitel 10 der durch 1,2f.; 3,23 und 7,1 vorbereitete *Weg nach Jerusalem* anschließt, der über „Judäa jenseits des Jordans" und Jericho Galiläa mit Jerusalem verbindet.

Der russische Altphilologe und Literaturwissenschaftler Michail Michailowitsch Bachtin hat 1975 einen Essay veröffentlicht, dessen deutsche Übersetzung von 2008 den Titel „Chronotopos" trägt. Der Autor versteht unter einem Chronotopos den „grundlegenden wechselseitigen Zusammenhang der in der Literatur künstlerisch erfaßten Zeit-und-Raum-Beziehungen"[272]. Im Zeit-Raum-Gefüge von 1,14-9,30[50] haben wir einen solchen Chronotopos vor uns, einen „untrennbaren Zusammenhang von Zeit und Raum", in dem „räumliche und zeitliche Merkmale zu einem sinnvollen und konkretem Ganzen" verschmelzen"[273]. Im Chronotopos

---

[272] *Michail M. Bachtin*: Chronotopos. S. 7.
[273] A. a. O.; s. auch Michael C. Frank und Kirsten Mahlke: Nachwort. In: *Michail M. Bachtin*: Chronotopos. S. 204-207; *Eve-Marie Becker*: Konzepte. Dort bes. S. 103-106.

wird die an sich abstrakte Zeit räumlich konkretisiert[274]. Das trifft besonders hier zu, da die zeitliche Erstreckung zwischen 1,14 und 9,30 im Gegensatz zu der dort aufscheinenden räumlichen Ausdehnung, die das östliche Untergaliläa und die nördlichen sowie die östlich des Sees Gennesaret gelegenen Grenzgebiete der benachbarten Territorien umfaßt, nur höchst ungefähr zu bestimmen ist, und das auch nur auf Grund indirekter Zeitangaben: Die erzählte Zeit spiegelt sich in der Erwähnung bestimmter Personen, die Zeit des Erzählers und damit auch die seiner Leser in einigen metahistorischen Vorgaben von Topographie und historischer Geographie (s. o. S. 5). Das gilt übrigens für das ganze Evangelium des Markus. Innerhalb des Chronotopos von 1,14-9,30[50] haben wir es mit drei kleineren[275] Chronotopoi zu tun. Deren erster (1,14-4,34) ist nur in Galiläa verortet; in ihm wird erstmals der See Gennesaret genannt (1,16[bis]; 2,13; 3,7; 4,1[ter]); er ist Erwerbsquelle, spendet Nahrung (1,16-20) und ermöglicht Jesus vom Boot aus eine Rede an eine große Volksmenge (4,1). Dreimal geht es um die Berufung von Jüngern (1,16-20; 2,13-17; 3,13-19), und Markus läßt Jesus seine große Rede vom Reich Gottes halten, in der sich bereits ein Hinweis auf die Verklärung verbirgt (4,21f.). Im zweiten Chronotopos (4,35-7,23) wird zum ersten Mal Galiläa verlassen und kommt das Ostufer des Sees dazu (5,1) – der See wird zum verbindenden Element (5,1. 13bis. 21; 6,47.48.49), das jedoch zugleich lebensbedrohend (4,38) und widerständig (6,48) ist. Viermal ist

---

[274] *Michail M. Bachtin*: Chronotopos. S. 7; Michael C. Frank und Kirsten Mahlke: Nachwort. In: *Michail M. Bachtin*: Chronotopos. S. 206.
[275] *Michail M. Bachtin*: Chronotopos. S. 189f.

Jesus auf dem See im Boot unterwegs (4,35-41; 5,18.21; 6,32; 6,52.53f.). Im dritten dieser Chronotopoi (7,24-9,50) fügt Markus zu den schon genannten Gegenden den Süden Syrophöniziens und Teile der Tetrarchie des Philippus hinzu. Hier bewegt sich Jesus überwiegend im Umland Galiläas (7,24-8,9; 8,22-9,29; es sind 69 von 100 Versen, s. o. S. 128f.). Nach zwei Fahrten mit dem Boot (8,10; 8,13.22) gerät der zuletzt 7,31 erwähnte See aus dem Blick. Verbindendes Element ist nun nicht mehr die Fahrt mit dem Boot über den See, sondern der Weg (8,27; 9,33.34): Auf dem Rückweg nach Galiläa (9,30) scheint mit der ersten Leidensansage (8,31) und der Verklärung (9,2-8) die Peripetie auf, verstärkt durch die zweite Leidensansage auf dem Weg durch Galiläa (9,31). Diesen drei Chronotopoi ist gemeinsam, daß ihre zeitliche Erstreckung sich nicht bestimmen läßt, sie eigenartig „zeitlos" erscheinen und daher der Raum die Struktur vorgibt, die Erzählung gleichsam „erdet".

Mit Kapitel 10 kommt ein Chronotopos ins Spiel, der schon in den Romanen der Antike eine bedeutende Rolle spielt, das Unterwegssein auf dem „Weg"[276], der, in 8,27 vorbereitet, das nördliche Umland Galiläas über Galiläa mit Kafarnaum (9,30.33), Judäa jenseits des Jordans (10,1.17) und Jericho (10,46.52) mit Jerusalem verbindet (11,8) und dort in einen neuen Chronotopos überleitet. Aber auch hier fehlt bis auf das fünfmalige πάλιν, das auf schon Geschehenes oder Gesagtes zurückweist, und εὐθύς, das die augenblickliche Heilung des Bartimäus hervorhebt, jegliche Zeitansage.

---

276 *Michail M. Bachtin*: Chronotopos. S. 21f., 180f.

Einen ganz anders gestalteten Chronotopos finden wir in den Kapiteln 11 bis 13: Dort entspricht drei Tage lang der Wechsel von *Betanien* (11,[1.]11b.[19]) und dem *Tempel* in *Jerusalem* (11,11a.15.27) dem von *Abend* (11,11b.19) und *Morgen* (11,12.20): Eine Art Engführung bahnt sich an. Erstmals spielt genau bemessene Zeit eine wichtige Rolle: Sie verdichtet den Ablauf des Geschehens – trotz der Vermehrung des Stoffes, zumal in den Kapiteln 12 und 13. Diese drei Kapitel haben zudem eine Art Gelenkfunktion: einerseits schließt Markus sie zeitlich unmittelbar an die Kapitel 1 bis 10 an (s. o. S. 41f.), gibt ihnen aber anders als diesen zur eindeutigen Verortung auch eine klare Zeitstruktur, die sie wiederum mit den Kapiteln 14 bis 16 verbindet, von denen der Evangelist sie jedoch durch das in 13,37 zeitlich offen endende Kapitel 13 und die eindeutige zeitliche Zäsur in 14,1 zugleich absetzt. In diesem Chronotopos stehen Zeit und Raum gleichgewichtig nebeneinander, wobei allerdings der Beginn des ersten Tages ebenso offen bleibt wie das Ende des letzten Tages – und deren genaue chronologische Einordnung.

Wieder anders geartet ist der Chronotopos in den Kapitel 14 und 15: Zeitlich (14,1; 15,42) wie örtlich (14,3; 15,46) genau eingegrenzt, ist der Höhepunkt der dramatischen Engführung erreicht: Der *Zählung der drei Tage*, die ihren festen Platz in der Woche (15,42) oder im kalendarischen Ablauf des Jahres haben (14,1.12.[17]), *und innerhalb dieser Tage von Tageszeiten* – seien sie unmittelbar erwähnt wie in 14,17; 15,1.42 oder als Zählung der Stunden in 15,25.33.34, die Matthäus (Mt 27,35) und Lukas (L 23,33) schon nicht mehr so übernehmen, oder mittelbar, wie

14,3.12.16.26.68.72 zu entnehmen ist, – korrespondiert ein entsprechendes, *engmaschiges Netz von Ortsangaben* (14,3.13.16.26.32.53.54.66.68; 15,1.16.22.43.46). Sie beziehen sich nach der Aussendung der zwei Jünger zur Vorbereitung des Passamahls (14,13) und dem Aufbruch von Betanien auf Örtlichkeiten innerhalb Jerusalems oder – so in Getsemani bei der Gefangennahme wie bei Kreuzigung und Begräbnis – in unmittelbarer Nähe der Stadt. Auch hier besteht ein Gleichgewicht zwischen Zeit und Raum.

Von 16,1 an geht es nur noch um *eine einzige Zeitangabe*, den Tag nach dem Sabbat und um *einen Ort*, das leere Grab – und den Hinweis auf Galiläa, der die Frauen voller Furcht fliehen läßt. So endet das Evangelium in 16,6-8 mit „der Vorstellung einer offenen Zukunft in der Spannung von Angst und Hoffnung"[277]. Mit der Ankündigung der Erscheinung des Auferstandenen[278] in Galiläa, zu der der Nazarener Jesus unterwegs ist (16,7: προάγει![279]), endet der letzte Chronotopos des Evangeliums: Eine neue Zeit beginnt, die nicht mehr in das Evangelium Gottes gehört, das Jesus verkündigt hat (1,14).

In allen Chronotopoi des Markusevangeliums geht es um bestimmte, metahistorische Räume und ihre topo-

---

[277] *Eve-Marie Becker*: Markus-Evangelium. S. 416.
[278] Und nicht dessen Parusie (so z. B. *Willi Marxsen*: Der Evangelist Markus. Studien zur Redaktionsgeschichte des Evangeliums. Göttingen 1956. S. 73-77. = FRLANT NF 49, was *Vincent Taylor*: Gospel. S. 608, höflich mit „slenderly based" kommentiert); denn die Parusie wird ein kosmisches Ereignis sein und kein Privaterlebnis einzelner Jünger (16,7a), wie *Ernst Haenchen*: Weg. S. 546, zu Recht bemerkt.
[279] Vgl. *Vincent Taylor*: Gospel. S. 608.

logischen Beziehungen. Deren Historisierung[280] erscheint in der Verschriftung der Geschichte, die Markus erzählt, chronologisch eigenartig unbestimmt. Das gilt – wenn auch eingeschränkt – selbst dort, wo, zumal in den Kapiteln 11 bis 16, genauere Zeitangaben zu finden sind.

Hier kommen die im Evangelium genannten Territorien, Orte und anderen Örtlichkeiten ins Spiel. Vor allem sie benutzt Markus in den ersten zehn Kapiteln, um deren in aller Regel undatierten Stoff planvoll in eine, nämlich seine Ordnung zu bringen und so den vielfältigen Stoff an- und einander zuzuordnen – mag Papias diese Ordnung auch eher für Unordnung gehalten haben (s. o. S. 20f.). In den übrigen Kapiteln übernehmen die Zeitangaben zusammen mit den Ortsangaben diese Funktion, so daß schlußendlich ein wohlüberlegtes Zeit-Raum-Gefüge das Markusevangelium strukturiert, damit die Grundlage für die „normale Erzählebene" schafft und die vielfältigen und recht unterschiedlichen Überlieferungen miteinander zu einem Ganzen verknüpft.[281] Wo Markus einer Ortsangabe eine Datierung hinzufügt, geht, weil „die räumliche Struktur ... in ein zeitliches Nacheinander überführt werden" muß[282], die Zeitangabe der Nennung des Ortes in der Regel voraus[283].

---

280 S. *Reinhart Koselleck*: Sprachwandel. S. 35f., 49f.; *ders.*: Geschichte. S. 74; Michael C. Frank und Kirsten Mahlke: Nachwort. In: *Michail M. Bachtin*: Chronotopos. S. 206 u. 208.
281 Daraus folgt, daß der Verfasser dieses Evangeliums schwerlich der „Markus" sein kann, von dem Papias berichtet.
282 *Karin Wenz*: Linguistik. S. 211; s. auch *Gert Lüderitz*: Rhetorik. S. 198 mit Anm. 78.
283 Vgl. nur 1,14.21b.29.35; 2,23; 4,35; 6,2.47.48b; 9,2; 11,11b.19; 14,1-3; 15,42f.; 16,1.2.

Der Antike war der Entwicklungsgedanke noch fern. Das, was wir – bildlich gesprochen – mit einer Kurve zu Papier bringen, konnte der antike Autor nur mit einer Art Treppe darstellen, die hinauf- und gegebenenfalls wieder hinabführt. Genau dies spiegelt sich im Evangelium des Markus: Durch seine differenzierte Setzung von Zeit- und Ortsangaben erreicht dessen Autor eine stufenweise Steigerung und Intensivierung des Geschehens. Vier Stufen führen hinauf:

> ➢ die dreigeteilten Kapitel 1 bis 9, in denen die – jeweils um neue Örtlichkeiten erweiterte – Abfolge konkreter Orte und Territorien das Geschehen voranbringt,
>
> ➢ Kapitel 10, in dem der viermal erwähnte „Weg" zusätzlich zur Nennung Jerusalems auf das Ziel weist,
>
> ➢ die abermals dreigeteilten Kapitel 11 bis 13, die durch den Wechsel zwischen Jerusalem und Betanien und von Tagesende und -anfang den Zeitablauf verdichten und zugleich die Kapitel 1 bis 10 mit den Kapiteln 14 bis 16 verbinden (s. o. S. 38f. u. 41f.),
>
> ➢ und zuletzt die gleichfalls dreigeteilten Kapitel 14 bis 15, in denen mit häufigem Wechsel der Örtlichkeiten innerhalb Jerusalems und vor dessen Stadtmauern und der in kurze Abschnitte aufgeteilten, rasch vergehenden und nur hier mit Wochen- und Monatstagen festgehaltenen Zeit der dramatische Höhepunkt der Erzählung erreicht wird.
>
> ➢ Ihm folgt als Ruhepunkt, als eine Art Generalpause, der ereignislose Sabbat (15,42; 16,1).

➢ Dann führt Kapitel 16,2-8 wieder hinab, jedoch gleichsam nur eine Stufe.

So hält Markus die Spannung bis zum Ende aufrecht, denn der Schluß des Evangeliums bleibt durch 16,6-8 offen, oder – bildlich gesprochen – wie ein Dominantseptimakkord, dem die kleine Septime noch fehlt, auch wenn es dennoch ein Dur-Dreiklang ist ... – und das alles in einer Sprache, die dem entspricht, von dem Cicero in *De oratore* II 61 den Antonius sagen läßt, es sei so geschrieben, daß es auch denen, die nicht besonders gebildet sind, zugänglich sei: *qui res gestas ... scripserunt suas ..., ut videantur voluisse esse nobis, qui non sumus eruditissimi, familiares.*[284]

Christoph Markschies[285] bezeichnet diesen Stil im Gefolge von Augustinus zwar als „ziemlich schlicht": Jedoch – mit Worten Erich Auerbachs gesagt[286] –: „... und gleichsam ohne sein Zutun, rein aus der inneren Bewegung des von ihm [sc. dem Evangelisten Markus] Berichteten, wird dies Berichtete zur Anschauung. Und der Bericht wendet sich an jedermann ...". Markus beherrscht hervorragend einen episodenhaften Stil, den Aristoteles freilich in seiner Poetik[287] verdammt – er hält ihn für χείριστος (Arist. Po. 1451B 9).

---

[284] Vgl. auch Lukian, Hist. Conscr. 43f. u. 46.
[285] *Christoph Markschies*: Ohne alte Sprachen. Die protestantische Theologie vor der Preisgabe ihres reformatorischen Anspruchs. In: FAZ. 11.08.2016. S. 7.
[286] *Erich Auerbach*: Mimesis. Dargestellte Wirklichkeit in der abendländischen Literatur. 2. Aufl. Bern 1959. S. 51; s. a. S. 43-52.
[287] Aristoteles: Poetik. Griechisch/Deutsch. Übers. u. hg. v. *Manfred Fuhrmann*. Stuttgart 1994.

Auch wenn es dem Evangelisten, anders als etwa Herodot, nicht möglich war, „aus eigener Anschauung, Ansicht und Erkundigung" (Hdt. II 99)[288] zu berichten, sondern nur auf Grund von Quellen, von denen wir nicht eine einzige kennen, er auch nicht die Möglichkeit hatte, sich an Werken von Vorgängern zu orientieren, hinterläßt sein Werk dennoch einen „Eindruck von bedeutsamer Einheit und planvoller Konzentration, der sich bei eindringendem Studium verstärkt und verdeutlicht", ja den Eindruck „eines Meisterwerks von erstaunlicher Originalität"[289]. Nicht zuletzt beeindruckt es außerdem durch eine „hohe literarische Kohärenz des Textes"[290]. Das Markusevangelium ist das „Ergebnis eines großen literarischen Könnens"[291]. Auf den Punkt bringt es Ulrich von Wilamowitz-Moellendorf: „Der Verfasser verstand zu komponieren"[292] – und das vor allem auf Grund seines kunstvollen Zeit-Raum-Gefüges.

Hinzu kommt eine Reihe von theologischen Klammern, die die einzelnen Teile miteinander verbinden. So verzahnt das Thema „Nachfolge" die Kapitel 1 bis 10 miteinander, beginnend mit 1,16-20 und endend mit 10,46-52, dazu begleitet von etlichen Belehrungen der unverständigen Jünger wie 4,10-34; 7,17-23; 8,15-21; 9,33-50 u. a.; zudem verbindet das Weg-Motiv den Anfang des Evangeliums (1,2f.) mit Kapitel 10 (10,17.32.46.52). Das „Kommen des Herrn" (11,3.9;

---

[288] Herodot: Neun Bücher zur Geschichte. Mit einer Einl. v. *Lars Hoffmann*. Wiesbaden 2007, S. 188.
[289] *Günther Zuntz*: Heide. S. 221f.
[290] *Gert Lüderitz*: Rhetorik. S. 203.
[291] *Gottfried Rau*: Markusevangelium. S. 2232.
[292] Zitiert nach *Hubert Cancik*: Evangelium. S. 99; ähnlich *Martin Hengel*: Geschichtsschreibung. S. 31 u. 46; vgl. auch S. 107-113.

13,35) wiederum gibt mit 11,1-11 und 13,5-37 den Rahmen für die Kapitel 11 bis 13 ab. Die „Salbung Jesu" – außerhalb der Stadt – verknüpft mit 14,3-9 und 16,1 den Anfang der Passionsgeschichte mit deren Ende, und Nazaret und Galiläa verbinden den Beginn mit dem Schluß des Evangeliums (1,9 u. 16,6f.), wie vorher schon „Galiläa" (1,14; 9,30) und „Kapernaum" (1,21; 9,33) die Kapitel 1 und 9. Markus scheint eine Vorliebe für diese Art von Ringkompositionen zu haben (s. auch o. S. 109 m. Anm. 239). Doch das ist ein anderes Thema.

Zudem haben die Überlegungen zur Dekapolis (5,1.20, s. o. S. 72-79), zum „König" Herodes (6,14, s. o. S. 33-35), zu „Judäa jenseits des Jordans" (10,1, s. o. S. 102-105), der Ansage Jesu, daß von den Steinen des Tempels keiner auf dem anderen bleiben werde (13,2, s. o. S. 39-41) und wohl auch die Tatsache, daß Caesarea Philippi wieder seinen alten Namen trägt (s. o. S. 99), dies deutlich gemacht: Die „kognitive Karte" des Evangelisten dürfte in den Kapiteln 1 bis 10 die historische Topographie seiner Zeit wiedergeben und in den Kapiteln 11 bis 16 die Zeit wenige Jahre vor der Zerstörung Jerusalems – aber keine eigene Kenntnis des Tempels – widerspiegeln, und damit nicht die Zeit Jesu, sondern die des Autors und damit zugleich die der Leser seines Werkes, also die Zeit des Erzählers statt die der erzählten Zeit.[293] Das ermöglicht, dem geschilder-

---

[293] Dieses Phänomen findet sich noch deutlicher im Alten Testament, wo etwa Ex 33 das Itinerar des Wüstenzuges statt der postulierten Verhältnisse die Zeit um das 10. Jh. v. Chr. spiegelt, und noch krasser Ex 21, wo das Itinerar die Gegebenheiten des 7. Jh. v. Chr. wiedergibt, sich also beide Male die jeweilige Abfassungszeit widerspiegelt (vgl. *Wolfgang Zwickel*: Exodus und Wüstenwanderung. In: Herders neuer Bibelatlas. S. 100-102, dort S. 102).

ten Geschehen zwischen der Taufe Jesu und dem leeren Grab einen, genauer *seinen*, nämlich des Evangelisten Markus, Ort zu geben. Dies und die durchgängig fehlenden Angaben zu einer absoluten Chronologie machen deutlich, daß die von Markus erzählte Spanne aus dem Leben Jesu von Nazaret nicht genau im Ablauf der Geschichte zu verankern ist, wohl aber sich deren Zeitrahmen auf einen zwar verhältnismäßig kurzen, jedoch unbestimmt langen Zeitraum innerhalb der Jahre 27 bis etwa spätestens 34 eingrenzen läßt. Doch nicht die chronologisch genaue Einordnung des Geschehenen ist offenbar dem Evangelisten wichtig, sondern dessen Vergegenwärtigung, die sich in seinen Augen eher an der Realität von Orten und Territorien, deren Kenntnis er in einigen Fällen mit seinen Zeitgenossen Plinius dem Älteren und Flavius Josephus teilt, als in einer längst vergangenen Zeit festmachen läßt.

Das offenkundig nicht vorhandene Interesse an einer Chronologie, für die sowohl das Jahr der Geburt wie das des Todes fehlen und Alter sowie Lebenszeit allenfalls ungefähr erschlossen werden können, das Fehlen einer Kindheitsgeschichte und von zuverlässigen Daten über Abkunft und Stand, wie auch von Bemerkungen über das Aussehen und das Privatleben Jesu sowie die fehlende Darstellung seiner Entwicklung teilt das Markusevangelium übrigens mit Lukians Biographie des Demonax, dem Δημώνακτος βίος[294].[295] Im Gegensatz zu

---

[294] Luciani opera. Recognovit brevique adnotatione critica instruxit M[atthew] D[onald] Mcleod. Tomus I. Libellus 1-15. Oxford 1972. Libellus 9.

[295] *Hubert Cancik*: Bios und Logos. Formengeschichtliche Untersuchungen zu Lukians ›Demonax‹. In: Markus-Philologie. S. 115-130, dort S. 127.

den vielen Ortswechseln Jesu, von denen Markus in seinem Evangelium berichtet, lebte Demonax – so Lukian in seiner Biographie dieses kynischen Philosophen – jedoch nahezu ständig in Athen; nur zweimal wird ein Ortswechsel mitgeteilt – der Aufbruch zu einer Seereise mit unbekanntem Bestimmungsort (Demon. 35) sowie ein Aufenthalt in Olympia (Demon. 58) –, und es gibt nicht einmal einen Anklang an so etwas wie einen *ordo temporum*.

Weil es dem Evangelisten augenscheinlich nicht auf eine absolute Chronologie ankam – berichtet er doch von Ereignissen, deren Zeuge er anders als Lukian (Demon. 1) offenkundig nicht war –, läßt sich aus seinem Werk kein „Leben Jesu" rekonstruieren. Denn „Jahrzehnte nach den Ereignissen fixiert, allein oder überwiegend aufgrund mündlicher Erinnerungen einer nicht abschätzbaren Zeugenzahl geformt, gewöhnlich durch mehrere, nicht immer erkennbare Zwischenetappen hindurchgegangen, erprobten Erzählmustern und den Erwartungen eines wechselnden Publikums unterworfen, aufgrund eigener, keineswegs immer bewußter Folgerungen und Ansprüche der Erzähler, auch ihrer eigenen Emotionalität konstruiert, unterliegt das kulturelle Gedächtnis und unterliegen mit ihm die Historien und zahlreiche weitere Quellen der kritischen Geschichtswissenschaft unablässig wirksamen Verformungskräften. Diese erlahmen nicht einmal dann, wenn die Erinnerungen verschriftet wurden"[296] – wie zahllose Varianten im Text und besonders der Schluß des Evangeliums bezeugen. „Der Erinnerungsfluß läßt

---

[296] *Johannes Fried*: Schleier. S. 372

vielfach das «Wie» und alle näheren Umstände ins Schwimmen geraten."[297]

Was für Markus galt, gilt noch heute: „Jeder Blick in die Vergangenheit gleicht nur einem Blick in einen Spiegel, dessen Bild sich als Brechung des Könnens und Wissens eigener Gegenwart erweist, ihrer Leidenschaften und Zweifel"[298]. Markus, der unbekannte Autor, bringt seinen Lesern in seinem Evangelium mit Hilfe der ihm bekannten „metahistorischen" Vorgaben im Rahmen eines von ihm als Teil der „normalen Erzählebene"[299] geschaffenen und durch „Chronotopoi" geordneten Zeit-Raum-Gefüges, dessen „kognitive Karte" erstaunliche Übereinstimmungen mit den politisch-geographischen Verhältnissen seiner Zeit aufweist, seine Sicht auf das Wirken Jesu nahe, auf dessen von ihm gedeutetes Leben: die Geschichte der Offenbarung Gottes in Jesus von Nazaret, die in seinen Augen zwar offensichtlich einer topographischen und geographischen Verortung – also gleichsam einer „Erdung" – bedarf, weniger jedoch eines genau bestimmbaren Platzes in der ablaufenden – oder von ihm aus gesehen: vor weit mehr als einer Generation abgelaufenen – Zeit, die in seinem Evangelium so eigenartig zeitlos erscheint.

---

[297] *Johannes Fried*: Schleier. S. 383; s. a. *Ulrich Wilckens*: Theologie. S. 361; *Eve-Marie Becker*: Konstruktion. S. 272f.
[298] *Johannes Fried*: Karl der Große. S. 27; vgl. auch *Martin Hengel*: Geschichtsschreibung. S. 49 u. 51.
[299] *Cilliers Breytenbach*: Markusevangelium. S. 164.

Anhang

Aufbau des Markusevangeliums

Das oben dargestellte Zeit-Raum-Gefüge ergibt folgenden Aufbau des Markusevangeliums:

1	1,1-13	**Prolog**	*„Weg"*
	1,9	Taufe des Jesus aus Nazaret in Galiläa	*Nazaret,*
			Galiläa
2	1,14-10,52	**Jesu Wirken in und um Galiläa**	
2.1	1,14-4,34	**Galiläa**	*Nachfolge 1*
	1,14	Zäsurvers	
		Galiläa	*Galiläa*
	1,16	See Gennesaret	
	1,21	Kafarnaum	*Kafarnaum*
	1,29	ganze Umgebung Galiläas	
	1,39	ganz Galiläa	
	2,1	Kafarnaum	
	2,13	See Gennesaret	
	3,7	See Gennesaret	
	4,1	See Gennesaret	
	4,10-34	Jüngerbelehrung	

2.2	4,35-7,23	**Galiläa** und **Ostufer des Sees Gennesaret**	*Nachfolge 2*
	4,35	Zäsurvers	
	5,1	jenseitiges (Ost-)Ufer des Sees Gennesaret ins Land der Gergesener	
	5,21	jenseitiges (West-)Ufer des Sees Gennesaret	
	6,1	Jesu Vaterstadt	
	6,7	die Dörfer im Umkreis	
	6,32	einsamer Ort	
	6,45	Überfahrt nach Betsaida, jedoch	
	6,53	Landung in Gennesaret	
	7,17-23	Jüngerbelehrung	
2.3	7,24-9,50	**Galiläa, Ostufer** und **nördliches Umland**	*Nachfolge 3*
	7,24	Zäsurvers Gebiet von Tyros und Sidon	
	7,31	aus dem Gebiet von Tyros und Sidon an den See Gennesaret inmitten der Dekapolis	
	8,10	Dalmanuta	
	8,22	Betsaida	
	8,27	Dörfer von Caesarea Philippi	
	9,30	Galiläa	*Galiläa*
	9,33	Kafarnaum	*Kafarnaum*
	9,35-50	Jüngerbelehrung	

3	10,1-52	**Weg nach Jerusalem**	*Nachfolge 4*
	10,1	Zäsurvers	
		Judäa jenseits des Jordans	
	10,46	Jericho	
	10,46-52	Nachfolgeparadigma als Jüngerbelehrung	*„Weg"*
4	11,1-13,37	**Jerusalem und Betanien**	
	11,1	Zäsurvers	*Kommen des Herrn*
4.1	11,11a	Jerusalem	1. Tag
	11,11b	Betanien	
4.2	11,12	aus Betanien nach	2. Tag
	11,15	Jerusalem	
	11,19	hinaus aus der Stadt (nach Betanien)	
4.3	11,20		3. Tag
	11,27	Jerusalem	
	13,5-37	Jüngerbelehrung	*Kommen des Herrn*
5	14,1-15,47	**Passion** **Jerusalem, Getsemani** und **Golgota**	
5.1	14,1	Zäsurvers	13. Nisan (1. Tag)
	14,3	Betanien	*Salbung*

5.2	14,12		14. Nisan (2. Tag)
	14,16f.	in die Stadt (Jerusalem)	
5.3	14,17f.		15. Nisan (3. Tag)
	14,32	Getsemani	
	14,53	(Jerusalem)	
	15,22	Golgota	
	15,46	Grab	
5.4	(15,42; 16,1)		16. Nisan Sabbat (4. Tag)
6	16,1-8	**Epilog**	
	16,1-8	Zäsurvers	17. Nisan (5. Tag)
		(Jerusalem)	*Salbung*
	16,2	(Grab)	
	16,6f.	Jüngerinnenbelehrung	*Nazaret Galiläa*
	16,8	Flucht der Frauen	

Exkurse und exkursartige Erläuterungen

Latinismen	28f.
Johannes der Täufer und „König" Herodes Antipas	32-34
Markus 13,2	39-41
Bezeichnungen für menschliche Ansiedlungen	61f.
Boote auf dem See Gennesaret	65-70
Gergesa, Gadara, Gerasa und die Dekapolis	72-88
Gennesaret	91
Die Syrophönizierin	92f.
Tyrus und Sidon	93-97
Betsaida	99
Caesarea Philippi	99
Die drei Leidensankündigungen	100
οἰκία und οἶκος	101-102
Judäa jenseits des Jordans	102-105
Jericho	107
Betphage und Betanien am Ölberg	108
Vergleich der Ortsangaben in den vier Evangelien	120f.
Ein kreuzförmiges Raumverständnis im Markusevangelium?	124-126

Topographie der Jesus-Itinerare in den Evangelien

	Mk	Mt	L	J
<u>Jordan</u>	x	x	x	x
<u>See Gennesaret</u> / <u>von Tiberias</u>	x	x	x	x
Ölberg	x	x	x	
Bach Kedron				x
<u>Galiläa</u>	x	x	x	x
<u>Kafarnaum</u>	x	x	x	x
<u>Nazaret/Vaterstadt</u>	x	x	x	x
Gergesa	x			
Gadara		x		
Gerasa			x	
Gennesaret	x	x		
Tyrus u. Sidon	x	x		
Dekapolis	x			
Dalmanuta	x			
Magadan / Magdala		x		
Betsaida	x		x	
Caesarea Philippi	x	x		
Judäa			x	x
Nain			x	
samaritanisches Dorf			x	
Dorf im Grenzgebiet von Samaria und Galiläa			x	
Samaria				x

Betanien jenseits d. Jordans				x
Kana				x
Sychar				x
Judäa jenseits des Jordans	x	x		
Jericho	x	x	x	
Ephraim				x
<u>Betanien</u>	x	x	x	x
Betphage	x	x	x	
<u>Jerusalem</u>	x	x	x	x
Getsemani	x	x		
Golgota	x	x		[x]
Kranion	[x]	[x]	x	x

Literaturverzeichnis

Die Abkürzungen entsprechen denen in: Theologische Realenzyklopädie. Abkürzungsverzeichnis. 2. überarb. u. erw. Aufl. zusammengestellt v. *Siegfried M. Schwertner*. Berlin 1994; außerdem: DNP = Der Neue Pauly; FAZ = Frankfurter Allgemeine Zeitung; NTAK = Neues Testament und Antike Kultur; ThKNT = Theologischer Kommentar zum Neuen Testament.
Griechische Kirchenväter sind abgekürzt nach: A Patristic Greek Lexicon. Edited by *G[eoffrey] W[illiam] H[ugo] Lampe*. Oxford 1969. S. XI-XLV, sonstige antike griechische Autoren nach: A Greek-English Lexicon. Compiled by *Henry George Liddell* and *Robert Scott*. A New Edition. Revised and Augmented throughout by Henry Stuart Jones with the Assistence of Roderick McKenzie. 9. Edition. Reprinted Oxford 1958, lateinische Autoren nach DNP. Bd. 1. Stuttgart 2003/2012. S. XXXIX-XLVII.
Die benutzten Ausgaben antiker und altkirchlicher Autoren werden nur beim ersten Vorkommen eines Werkes genannt. Übersetzungen sind vom Autor, wenn nicht anders angegeben.
Verwendete Kurztitel sind im Literaturverzeichnis **halbfett** gedruckt.

Quellen und Übersetzungen

Septuaginta. Id est Vetus Testamentum graece iuxta LXX interpretes edidit Alfred Rahlfs. Editio altera quam recognovit et emendavit *Robert Hanhart*. Duo volumina in uno. Stuttgart 2006.
Nestle-Aland: Novum Testamentum Graece. Hg. v. *Barbara u. Kurt Aland; Johannes Karavidopoulos; Carlo M[aria] Martini; Bruce M[anning] Metzger*. **28**. rev. Aufl. 2. korrigierter Druck. Stuttgart 2013. Hg. v. Institut für Neutestamentliche Textforschung, Münster/Westfalen, unter d. Leitung v. Holger Strutwolf.
The Greek New Testament. Edited by *Kurt Aland; Matthew Black; Bruce M[anning] Metzger; Allen Wikgren*. Stuttgart 1966.
Nouum Testamentum Graece secundum textum Westcotto-Hortianum. Euangelium secundum Marcum. Cum apparatu critico nouo plenissimo, lectionibus codicum nuper repertorum additis, editionibus versionum antiquarum et patrum ecclesiasticorum denuo inuestigatis edidit *S. C. E. Legg*. Oxford 1935.
Hans Quecke: Das Markusevangelium saïdisch. Text der Handschrift PPalau Rib. Inv.-Nr. 182 mit den Varianten der Handschrift M 569. Barcelona 1972. = PapyCast 4.

Eusebius: Kirchengeschichte. Hg. v. *Eduard Schwartz*. Kleine Ausgabe. 5. Aufl. Berlin 1952.
Eusebius Werke. Bd. 3/1. Das Onomastikon der biblischen Ortsnamen. Hg. v. *Erich Klostermann*. Leipzig 1904. = GCS 11/1.

Eusebius Pamphili Caesariensis episcopus: Questiones evangelicae ad Marinum 1. Patrologiae cursus completus. Series Graeca. Accurante *Jacques-Paul Migne*. Bd. 22. Paris 1857. S. 937f. = PG 22.

Origenes Werke. Bd. 1. Contra Celsum 1-4. Hg. v. *Paul Koetschau*. Leipzig 1899. = GCS 1.

Origenes Werke. Bd. 4. Der Johanneskommentar. Hg. v. *Erwin Preuschen*. Leipzig 1903. = GCS 10.

Origenes Werke. Bd. 10. Matthäuserklärung I. Die griechisch erhaltenen Tomoi. Hg. v. *Erich Klostermann*. Leipzig 1935. = GCS 40.

Origenes Werke. Bd. 12/1 u. 2. Matthäuserklärung III. Fragmente u. Indices. Hg. v. *Erich Klostermann*. Leipzig 1941. = GCS 41/1 u. 2.

Ulrich H[einz] J[ürgen] Körtner: Papiasfragmente. In: Papiasfragmente. Hirt des Hermas. Eingel., hg., übertr. u. erl. v. Ulrich H[einz] J[ürgen] Körtner u. Martin Leutzsch. Darmstadt 1998. = SUC. T. 3.

Aristoteles: Poetik. Griechisch/Deutsch. Übers. u. hg. v. *Manfred Fuhrmann*. Stuttgart 1994. = Reclams Universal-Bibliothek 7828.

Flavius Josephus: De Bello Judaico. Der jüdische **Krieg**. Griechisch und Deutsch. Bd. I: Buch I-III. Hg. u. mit einer Einl. sowie mit Anm. versehen von *Otto Michel* u. *Otto Bauernfeind*. Darmstadt. Sonderausg. 2013.

– : Bd. II [1 u. 2]: Buch IV-VII. Hg. u. mit einer Einl. sowie mit Anm. versehen von *Otto Michel* u. *Otto Bauernfeind*. Darmstadt. Sonderausg. 2013.

Flavii Iosephi opera edidit et apparatu critico instruxit *Benedictus Niese*. Vol. 3. Antiquitatum Iudaicarum libri XI-XV. Berlin 1892.

– : Vol. 4. Antiquitatum Iudaicarum libri XVI-XX et Vita. Berlin 1890.
Des Flavius Josephus Jüdische Altertümer. Übers. u. mit Einl. u. Anm. versehen von *Heinrich Clementz*. Halle 1899. Nachdr. Wiesbaden o. J.
Flavius Josephus: Kleinere Schriften: Selbstbiographie, Gegen Apion, Über die Makkabäer. Übers. u. mit Einl. u. Anm. versehen v. *Heinrich Clementz*. Halle 1901. Nachdr. Wiesbaden 1995.
Herodot: Neun Bücher zur Geschichte. Mit einer Einl. v. *Lars Hoffmann*. Wiesbaden 2007.
Luciani opera. Recognovit brevique adnotatione critica instruxit *M[atthew] D[onald] Macleod*. Tomus I. Libelli 1-25. Oxford 1972.
– : Tomus III. Libelli 44-68. Oxford 1980.
Lukian Werke in drei Bänden. Hg. v. *Jürgen Werner* u. *Herbert Greiner-Mai*. Übers. v. Christoph Martin Wieland. Bd. 1. 2. Aufl. Berlin 1981.
– : Bd. 2. 2. Aufl. Berlin 1981.
Claudii Ptolemaei Geographia. Edidit *Carolus Fridericus Augustus Nobbe*. Tom. II. Leipzig 1845.
Thukydides: Der Peleponnesische Krieg. Vollständige Ausgabe. Übertragen v. *August Horneffer*. Durchg. v. Gisela Strasburger. Eingel. v. Hermann Strasburger. Leipzig 1993.

Cicero: De oratore. Über den Redner. Lateinisch/Deutsch. Übers. u. hg. v. *Harald Merklin*. Stuttgart 2006. = Reclams Universal-Bibliothek 6884.
Cassius Dio: Römische Geschichte. Übers. v. *Otto Veh*. Bd. II. Bücher 36-43. Zürich 1985.
– : Bd. V. Epitome der Bücher 61-80. Zürich 1987.

Pomponius Mela: Kreuzfahrt durch die alte Welt. Zweisprachige Ausg. v. *Kai Brodersen*. Darmstadt 1994.

C. Plinii Secundi naturalis historiae libri XXXVII. Post L. Iani obitum recognovit et scripturae discrepantia adiecta edidit *Carolus Mayhoff*. Vol I. Libri I bis VI. Leipzig 1906.

– : Vol. 2. Libri VII-XV. Leipzig 1875.

C. Plinius Secundus d. Ä.: Naturkunde. Bd. I. Kosmologie. Hg. u. übers. v. *Gerhard Winkler* u. *Roderich König*. Düsseldorf 2008.

– : Bd. II. Geographie. Hg. u. übers. v. *Roderich König* i. Zusammenarbeit mit Gerhard Winkler u. Kai Brodersen. Düsseldorf 2008.

Sulpicii Severi libri qui supersunt. Recensuit et commentario critico instruxit *Carolus Halm*. Wien 1866. = CSEL. Vol. 1.

P. Cornelius Tacitus: Historien. Lateinisch-deutsch. Hg. v. *Joseph Borst* unter Mitarb. v. Helmut Hross u. Helmut Borst. 4. Aufl. München 1979.

Wörterbücher

Exegetisches Wörterbuch zum Neuen Testament. Hg. v. *Horst Balz* u. *Gerhard Schneider*. Stuttgart. Bd. 1. Aarõn – Henõch. 1980;

– : Bd. 2. ex – opsõnion. 1981;

– : Bd. 3. pagideuõ – õphelimos. Register. 1983.

A Greek-English Lexicon. Compiled by *Henry George Liddell* and *Robert Scott*. A New Edition. Revised and Augmented throughout by Henry Stuart Jones with the Assistence of Roderick McKenzie. 9. Edition. Reprinted Oxford 1958.

Walter Bauer: Griechisch-deutsches **Wörterbuch** zu den Schriften des Neuen Testaments und der frühchristlichen Literatur. 6., völlig neu bearb. Aufl., im Institut für neutestamentliche Textforschung, Münster, unter besonderer Mitwirkung von Viktor Reichmann hg. v. Kurt Aland u. Barbara Aland. Berlin 1988.

A Patristic Greek Lexicon. Edited by *G[eoffrey] W[illiam] H[ugo] Lampe*. Oxford 1969.

Karl Ernst Georges: Der neue Georges. Ausführliches lateinisch-deutsches Handwörterbuch. Auf d. Grundlage d. 8., verb. u. verm. Aufl. v. Heinrich Georges. Hannover u. Leipzig 1913, neu bearb. 2013 v. Tobias Dänzer. Hg. v. Thomas Baier. 2 Bde. Darmstadt 2013.

Atlanten und Karten

Hans Fischer; Hermann Guthe: **Palästina 1:700.000**. 4. Aufl. Freiburg i. B. 1924.

Michael Avi-Yonah: ארץ ישראל (333 v. – 640 n Chr.). 1:350.000. Jerusalem 1965.

Israel. 1:250.000. Survey of Israel. Ministry of Labour. Tel-Aviv 1974.

Palästina. Historisch-Archäologische Karte. **1:300.000**. Blatt Nord. Bearb. v. *Ernst Höhne*. In: BHH. Bd. 4. Göttingen 1979.

Yohanan Aharoni; Michael Avi-Yonah: Der **Bibelatlas**. Die Geschichte des Heiligen Landes 3000 Jahre vor Christus bis 200 Jahre nach Christus. Hamburg 1981.
Herders großer Bibelatlas. Hg. v. James B[ennett] Pritchard. Deutsche Ausgabe hg. u. bearb. v. *Otmar Keel* u. *Max Küchler*. Freiburg 1989.
Kenneth Nebenzahl: Atlas zum Heiligen Land. Karten der Terra Sancta durch zwei Jahrtausende. Stuttgart 1995.
Tübinger Bibelatlas. Auf der Grundlage des Tübinger Atlas des Vorderen Orientes (TAVO) hg. v. *Siegfried Mittmann* & *Götz Schmitt*. Stuttgart 2001.
Anne-Maria Wittke; Eckart Olshausen; Richard Szydlak: Historischer Atlas der antiken Welt. Stuttgart 2003/2012. S. 180. = DNP. Supplemente. Bd. 3.
Herders neuer Bibelatlas. Hg. v. *Wolfgang Zwickel; Renate Egger-Wenzel; Michael Ernst*. Freiburg 2013.
Sammelwerke

Aufstieg und Niedergang der römischen Welt: Geschichte und Kultur Roms im Spiegel der neueren Forschung. Hg. v. *Hildegard Temporini* u. *Wolfgang Haase*. Teil 2. Principat. Bd. 25. Teilbd. 2. Religion: Vorkonstantinisches Christentum: Leben und Umwelt Jesu; Neues Testament, Forts. Hg. v. Wolfgang Haase. Berlin 1984.
– : Teil 2. Principat. Bd. 25. Teilbd. 3. Religion: Vorkonstantinisches Christentum: Leben und Umwelt Jesu; Neues Testament, Forts. Hg. v. Wolfgang Haase. Berlin 1985.
Jürgen K. Zangenberg; Jens Schröter (Hg.): **Bauern**, Fischer und Propheten – Galiläa zur Zeit Jesu. Mainz 2012.

Reinhart Koselleck: **Begriffsgeschichten**. Studien zur Semantik und Pragmatik der politischen und sozialen Sprache. Mit zwei Beiträgen von Ulrike Spree und Willibald Steinmetz sowie einem Nachwort zu Einleitungsfragmenten Reinhart Kosellecks von Carsten Dutt. Frankfurt a. M. 2006.

Der **Erzähler** des Evangeliums. Methodische Neuansätze in der Markusforschung. Hg. v. *Ferdinand Hahn*. Stuttgart 1985. = SBS 118/119.

Eva-Marie-Becker: Der früheste **Evangelist**. Studien zum Markusevangelium. Tübingen 2017. = WUNT 380.

Adolf Hoffmann; Susanne Kerner (Hg.): **Gadara** – Gerasa und die Dekapolis. Mainz 2002.

Herodes – König von Judäa. Hg. v. *Jürgen K. Zangenberg*. Darmstadt 2016.

Die antike **Historiographie** und die Anfänge der christlichen Geschichtsschreibung. Hg. v. *Eve-Marie Becker*. Berlin 2005. = BZNW. Bd. 129.

Paul-Gerhard Klumbies: Von der **Hinrichtung** zur Himmelfahrt. Der Schluss der Jesuserzählung nach Markus und Lukas. Neukirchen 2010. = BthSt 114.

Gabriele Faßbeck; Sandra Fortner; Andrea Rottloff; Jürgen Zangenberg (Hg.): **Leben** am See Gennesaret. Kulturgeschichtliche Entdeckungen in einer biblischen Region. Mainz 2003.

Das Markus-Evangelium. Hg. v. *Rudolf Pesch*. Darmstadt 1978. = **WdF. Bd. 411**.

Markus-Philologie. Historische, literargeschichtliche und stilistische Untersuchungen zum zweiten Evangelium. Hg. v. *Hubert Cancik*. Tübingen 1984. = WUNT 33.

Neues Testament und Antike Kultur. Bd. 1. Prolegomena – Quellen – Geschichte. Hg. v. *Kurt Erlemann; Karl Leo Noethlichs*. 2. Aufl. Neukirchen 2004.
– : Bd. 2. Familie – Gesellschaft – Wirtschaft. Hg. v. *Klaus Scherberich*. Neukirchen 2005.
Raumwissenschaft. Hg. v. *Stephan Günzel*. Frankfurt a. M. 3. Aufl. 2012. = stw 1891.
Texts and Contexts. Essays in Honour of Lars Hartmann. Ed. by *Tord Fornberg* and *David Helmholm*. Oslo 1995.

Sonstige Literatur

A[gence]F[rance]P[resse]: Kirche aus dem 5. Jahrhundert. In: FAZ. 03.01.1972. S. 2.
F[elix]-M[arie] Abel: **Géographie** de la Palestine. Bd. II. Géographie politique. Les villes. 2. Aufl. Paris 1938.
Yohanan Aharoni: Das **Land** der Bibel. Eine historische Geographie. Neukirchen 1984.
Kurt Aland: Der Schluß des Markusevangeliums. In: *Ders.*: Neutestamentliche Entwürfe. München 1979. S. 246-283. = TB. Bd. 63.
Erich Auerbach: Mimesis. Dargestellte Wirklichkeit in der abendländischen Literatur. 2. Aufl. Bern 1959.
Michael Avi-Yonah: Palaestina. München 1974. Sonderdruck aus: PRE.S. Bd. XIII. Sp. 321-454.

Doris Bachmann-Medick: **Spatial Turn**. In: *Dies.*: Cultural Turns. Neuorientierungen in den Kulturwissenschaften. Reinbeck. 5. Aufl. 2014. S. 285-329. = Rowohlts Enzyklopädie 55675.

Michail M[ichailowitsch] Bachtin: **Chronotopos**. Mit einem Nachwort von Michael C. Frank und Kirsten Mahlke. 3. Aufl. Berlin 2014. = stw 1879.

Ingrid Baumgärtner; Paul-Gerhard Klumbies; Franziska Sick: Zielsetzung, Forschungstendenzen und Ergebnisse. In: Ingrid Baumgärtner; Paul-Gerhard Klumbies; Franziska Sick (Hg.). Unter Mitwirkung v. Mareike Kohls: Raumkonzepte. Disziplinäre Zugänge. Göttingen 2009. S. 9-25.

Eve-Marie Becker: Der jüdisch-römische **Krieg** (66-70 n. Chr.) und das Markusevangelium. In: Historiographie. S. 213-236.

– : Das **Markus-Evangelium** im Rahmen antiker Historiographie. Tübingen 2006. = WUNT 194.

– : **Einführung**. Der früheste Evangelist im Lichte der aktuellen Markusforschung. Eine Standortbestimmung. In: *Dies.*: Evangelist. S. 1-13.

– : **Konzepte** von Raum in frühchristlichen Geschichtserzählungen. Vom markinischen Chronotop zur *spatial history* des Lukas. In: *Dies.*: Evangelist. S. 103-115.

– : Die **Konstruktion** von 'Geschichte'. Paulus und Markus im Vergleich. In: *Dies.*: Evangelist. S. 253 bis 278.

– : Die markinischen **Summarien**. Ein literarischer und theologischer Schlüssel zu Markus 1-6. In: *Dies.*: Evangelist. S. 327-349.

Jürgen Becker: Jesus von Nazaret. Berlin 1995.
Klaus Berger: **Formgeschichte** des Neuen Testaments. Heidelberg 1984.
– : Kommentar zum Neuen Testament. 2. Aufl. Gütersloh 2012.
Walter Berschin: P. Pilatus. In: DNP. Bd. 10. Stuttgart 2003/2012. Sp. 142.
Otto Betz: Ἰουδαία. In: EWNT. Bd. 2. Stuttgart 1981. Sp. 468-470.
Friedrich Blass; Albert Debrunner: Grammatik des neutestamentlichen Griechisch. Bearb. v. Friedrich Rehkopf. 15., durchges. Aufl. Göttingen 1979.
Josef Blinzler: Der **Prozeß** Jesu. 4., erneut rev. Aufl. Regensburg 1969.
Otto Böcher: Johannes der Täufer II. Neues Testament. In: TRE. Bd. XVII. Berlin 1988. S. 173-181.
Willibald Bösen: **Galiläa** als Lebensraum und Wirkungsfeld Jesu. Eine zeitgeschichtliche und theologische Untersuchung. Freiburg 1985.
–: Der letzte **Tag** des Jesus von Nazaret. 2. Aufl. Freiburg 1994.
Bärbel Bosenius: Der literarische **Raum** des Markusevangeliums. Neukirchen 2014. = WMANT 140.
Cilliers Breytenbach: Das **Markusevangelium** als episodische Erzählung. Mit Überlegungen zum Aufbau des zweiten Evangeliums. In: Erzähler. S. 137 bis 169.
Klaus Bringmann: M. I. Agrippa II. In: DNP. Bd. 6. Stuttgart 2003/2012. Sp. 24.

Hubert Cancik: Bios und Logos. Formengeschichtliche Untersuchungen zu Lukians ›Demonax‹. In: Markus-Philologie. S. 115-130.

–: Die Gattung **Evangelium**. Das Evangelium des Markus im Rahmen der antiken Historiographie. In: Markus-Philologie. S. 85-113.

Lionel Casson: **Ships** and Seamanship in the Ancient World. Princeton 1971.

Helmut Castritius: Agrippa I. In: Neues Lexikon des Judentums. Hg. v. Julius H. Schoeps. Gütersloh 2000. S. 26.

– : Agrippa II. In: Neues Lexikon des Judentums. Hg. v. Julius H. Schoeps. Gütersloh 2000. S. 26f.

Orna Cohen: ... ein **Schiff** wird kommen ... Die Bergung und Restaurierung eines 2000 Jahre alten Bootes am See Gennesaret. In: Leben. S. 147-152.

Adela Yarbro Collins: Establishing the Text: Mark 1:1. In: Texts and Contexts. Oslo 1995. S. 111-127.

Gustaf Dalman: **Orte** und Wege Jesu. 4., überprüfte u. erg. Aufl. Gütersloh 1924.

Martin Dibelius: Die **Formgeschichte** des Evangeliums. 2. Aufl. Tübingen 1933.

Lutz Doering: Kalender. In: Neues Lexikon des Judentums. Hg. v. Julius H. Schoeps. Gütersloh 2000. S. 443-445.

Detlev Dormeyer: Evangelium als literarische Gattung. In: ANRW. Teil 2. Bd. 25,2. Berlin 1984. S. 1543-1634.

– : Das **Markusevangelium** als Idealbiographie von Jesus Christus, dem Nazarener. 2., verb. u. erw. Aufl. Stuttgart 2002. = SBB 43.

Peter Dschulnigg: Das **Markusevangelium**. Stuttgart 2007. = ThKNT. Bd. 2.

Lukas E. Födermair: Dekapolis. In: Herders neuer Bibelatlas. Freiburg 2013. S. 232f.

Sandra Fortner: Betsaida/Iulias in hellenistisch-römischer Zeit – Von der *komé* zur *pólis* des Philippus. In: Leben. S. 104-109.

Sandra Fortner; Andrea Rottloff: Fisch, Flachs und Öl. Wirtschaftliches Leben und Handel rund um den See Gennesaret in hellenistisch-römischer Zeit. In: Leben. S. 130-137.

Michael C. Frank; Bettina Gockel; Thomas Hauschild; Dorothee Kimmich; Kirsten Mahlke: **Räume** – Zur Einführung. Zeitschrift für Kulturwissenschaften 2 (2008) S. 7-16.

Johannes Fried: Der **Schleier** der Erinnerung. Grundzüge einer historischen Memorik. Durchg. u. erw. Aufl. München 2012.

– : **Karl der Große**. Gewalt und Glaube. München 2013.

Dirk Frickenschmidt: **Evangelium** als Biographie. Die vier Evangelien im Rahmen antiker Erzählkunst. Tübingen 1997. = TANZ 22.

Helmut Gipper: Sprachwissenschaftliche Grundbegriffe und Forschungsrichtungen. Orientierungshilfen für Lehrende und Lernende. München 1978. = Lehrgebiet Sprache. Bd. 1.

Joachim Gnilka: Das **Evangelium** nach Markus. 1. Teilbd. Mk 1,1-8,26. Neukirchen 1978. = EKK. Bd. II/1.

– : Das **Evangelium** nach Markus. 2. Teilbd. Mk 8,27-16,20. Neukirchen 1979. = EKK Bd. II/2.

– : Jesus von Nazaret. **Botschaft** und Geschichte. Freiburg 1990. = HThK.S. Bd. III.

David Graf: Die **Dekapolis** – Ein Prolog. In: Gadara. S. 4f.

Stephan Günzel: Spatial **Turn** – Topographical Turn – Topological Turn. Über die Unterschiede zwischen Raumparadigmen. KulturPoetik 2 (2002) S. 219-237.

Erhardt Güttgemanns: Offene Fragen zur Formgeschichte des Evangeliums. Eine methodologische Skizze der Grundlagenproblematik der Form- und Redaktionsgeschichte. München 1970. = BEvTh 54.

Ernst Haenchen: Der **Weg** Jesu. Eine Erklärung des Markus-Evangeliums und der kanonischen Parallelen. 2. Aufl. Berlin 1968. = STö. 2. R. Bd. 6.

Ferdinand Hahn: Einige **Überlegungen** zu gegenwärtigen Aufgaben der Markusinterpretation. In: Erzähler. S. 171-197.

– : Theologie des Neuen Testaments. Bd. II. Die Einheit des Neuen Testaments. Thematische Darstellung. 3., nochmals durchg. Aufl. Tübingen 2011.

Sonia Halliday: Israel. Biblische Stätten im Luftbild. Luftaufnahmen v. Sonia Halliday u. Laura Lushington. Text v. Tim Dowley. Gießen 1986.

Harald Hegermann: Gadara. In: BHH. Bd. I. Göttingen 1962. Sp. 508.

Werner Heinz: Reisewege der Antike. Unterwegs im Römischen Reich. Stuttgart 2003.

Martin Hengel: Zur urchristlichen **Geschichtsschreibung**. Stuttgart 1979.

– : **Entstehungszeit** und Situation des Markusevangeliums. In: Markus-Philologie. S. 1-45.

– : Die vier **Evangelien** und das eine Evangelium von Jesus Christus. Tübingen 2008. = WUNT 224.

Hans Wilhelm Hertzberg: Wind. In: BHH. Bd. 3. Göttingen 1966. Sp. 2175.
Walter Hinz: Chronologie des Lebens Jesu. ZDMG 139 (1989) S. 301-309.
Olaf Höckmann: Antike Seefahrt. München 1985.
Adolf Hoffmann: Topographie und Stadtgeschichte von Gadara/Umm Qais*. In: Gadara. S. 98-124.
Karl Hofmann-von Kap-herr; Christoph Schäfer: Experimentalarchäologie trifft auf Schifffahrt. In: AW (5/2017) S. 76-83.
Felicitas Hoppe: **Dichters Angst**. Vom mächtigsten Handwerk der Welt: Noch der größte Schriftsteller ist immer in der Hand seiner Übersetzer. FAZ. 5.1.2018. S. 14.

Robert Jewett: Chronologie. II. Neues Testament. In: RGG. 4. Aufl. Bd. 2. Tübingen 1999. Sp. 355f.

Yehuda Karmon: **Israel**. Eine geographische Landeskunde. Darmstadt 1993. = Wissenschaftliche Länderkunden. Bd. 22.
Othmar Keel; Max Küchler; Christoph Uehlinger: **Orte** und Landschaften der Bibel. Ein Handbuch und Studien-Reiseführer zum Heiligen Land. Bd. 1. Geographisch-geschichtliche Landeskunde. Mit Beiträgen von Urs Staub. Göttingen 1984. = OLB. Bd. I.
Susanne Kerner: Die Dekapolis-Städte – Der Versuch einer Zusammenfassung. In: Gadara. S. 146f.
Karl Kertelge: Die Epiphanie Jesu im Evangelium (Markus). In: WdF. Bd. 411. Darmstadt 1979. S. 259-279.
Rainer Kessler: Zur Exegese der Propheten. HPB 2012. H. 6. S. 128-131.

Erich Klostermann: Das **Markusevangelium**. 4., erg. Aufl. Tübingen 1950. = HNT 3.

Paul-Gerhard Klumbies: Rivalisisierende **Rationalitäten** im Markus- und Lukasevangelium. In: *Ders.*: **Hinrichtung**. S. 5-24.

–: Das **Raumverständnis** in der Markuspassion. In: *Ders.*: Hinrichtung. S. 25-49.

–: Die **Verknüpfung** von Auferweckungsbekenntnis und leerem Grab. In: *Ders.*: Hinrichtung. S. 106-128.

–: Mk 16,1-8 als **Verbindung** zwischen erzählter und außertextlicher Welt. In: *Ders.*: Hinrichtung. S. 129 bis 143.

–: Vom hingerichteten **Jesus** zum trinitarischen Gott. In: *Ders.*: Hinrichtung. S. 197-206.

Dietrich-Alex Koch: **Geschichte** des Urchristentums. Ein Lehrbuch. 2. korrigierte u. erw. Aufl. Göttingen 2014.

Helmut Köster: **Einführung** in das Neue Testament im Rahmen der Religionsgeschichte und Kulturgeschichte der hellenistischen und römischen Zeit. Berlin 1980.

Clemens Kopp: Die heiligen **Stätten** der Evangelien. 2. Aufl. Regensburg 1964.

Reinhart Koselleck: **Sozialgeschichte** und Begriffsgeschichte. In: *Ders.*: Begriffsgeschichten. S. 9-31.

– : **Sprachwandel** und Ereignisgeschichte. In: *Ders.*: Begriffsgeschichten. S. 32-55.

– : Die **Geschichte** der Begriffe und Begriffe der Geschichte. In: *Ders.*: Bgriffsgeschichten. S. 56-76.

– : **Stichwort**: Begriffsgeschichte. In: *Ders.*: Begriffsgeschichten. S. 99-102.

Carl Herbert Kraeling: The History of Gerasa. In: Ders. (Hg.): Gerasa. City of the Decapolis. New Haven 1938. S. 27-69.

Max Küchler: **Jerusalem**. Ein Handbuch und Studienreiseführer zur Heiligen Stadt. Göttingen 2007. = OLB. Bd. IV,2.

Werner Georg Kümmel: **Einleitung** in das Neue Testament. 20., erneut erg. Aufl. Heidelberg 1980.

Heinz-Wolgang Kuhn: Ältere Sammlungen im Markusevangelium. Göttingen 1971. = StUNT 8.

–: **Betsaida** und das Neue Testament. In: Leben. S. 164-167.

John Gray Landels: Die Technik in der antiken Welt. München 1980.

Friedrich Gustav Lang: „Über Sidon mitten ins Gebiet der Dekapolis". Geographie und Theologie in Markus 7,31. ZDPV 94 (1978) S. 145-160.

F[rançois] Lasserre: Kartographie. In: LAW. Bd. 2. Zürich 1965. Sp. 1496-1501.

Thomas Leisten: Gerasa. In: DNP. Bd. 4. Darmstadt 2003/2012. Sp. 949f.

Achim Lichtenberger: Architektur und Bauwesen. In: NTAK. Bd. 2. Neukirchen 2005. S. 199-205.

Gert Lüderitz: **Rhetorik**, Poetik, Kompositionstechnik im Markusevangelium. In: Markus-Philologie. S. 165 bis 203.

Edmondo Lupieri: Johannes der Täufer. I. Neues Testament. In: RGG. 4. Aufl. Bd. 4. Tübingen 2001. Sp. 514-517.

Dieter Lührmann: Das **Markusevangelium**. Tübingen 1987. = HNT 3.

Ulrich Luz: Das Evangelium nach Matthäus. 2. Teilbd. Mt 8-17. Neukirchen 1990. = EKK. Bd. I/2.

Christoph Markschies: Ohne alte Sprachen. Die protestantische Theologie vor der Preisgabe ihres reformatorischen Anspruchs. In: FAZ. 11.08.2016. S. 7.

Helge Martens: Elia – Psychogramm eines Gotteskriegers. Ein Versuch. DtPfrBl 116 (2016) S. 629-633.

Willi Marxsen: Der Evangelist Markus. Studien zur Redaktionsgeschichte des Evangeliums. Göttingen 1956. = FRLANT NF 49.

Andreas Mehl: Geschichtsschreibung in und über Rom. In: Historiographie. S. 111-136.

Nordelbisches Bibelzentrum St. Johanniskloster Schleswig (Hg.): Schleswiger **Jesusboot**. Bilder und Texte zu Nachbau und Betrieb eines historischen Fischerbootes aus der Zeit Jesu. Schleswig 2011.

Mendel Nun: Der **See** Genezareth und die Evangelien. Archäologische Forschungen eines jüdischen Fischers. Gießen 2001.= Biblische Archäologie und Zeitgeschichte. Band 10.

Eckart Otto: Jerusalem – die Geschichte der Heiligen Stadt. Von den Anfängen bis zur Kreuzfahrerzeit. Stuttgart 1980. = UB 308.

Norman R. Petersen: Die „Perspektive" in der Erzählung des Markusevangeliums. In: Erzähler. S. 67-91.

Petr Pokorný: Das **Markusevangelium**. Literarische und theologische Einleitung mit Forschungsbericht. In: ANRW. Teil 2. Bd. 25,3. Berlin 1985. S. 1969-2035.

Petr Pokorný; Ulrich Heckel: **Einleitung** in das Neue Testament. Seine Literatur und Theologie im Überblick. Tübingen 2007. = UTB 2798.

Neutestamentliche **Grammatik**. Das Griechische des Neuen Testaments im Zusammenhang mit der Volkssprache. Dargestellt v. *Ludwig Radermacher*. 2., erw. Aufl. Tübingen 1925.= HNT 1.

Gerhard Radke: Viae publicae Romanae. Stuttgart 1971. Sonderdruck aus PRE.S. Bd. XIII.

Michael Rathmann: Die Tabula Peutingeriana im Spiegel der antiken Kartographiegeschichte. AW (5/2016) S. 59-68.

Gottfried Rau: Das **Markusevangelium**. Komposition und Intension. In: ANRW. Teil 2. Bd. 25,3. Berlin 1985. S. 2036-2257.

Bo Reicke: Herodes. 3. In: BHH. Bd. 2. Göttingen 1964. Sp 700f.

Rainer Riesner: Heptagon und Kapernaum – Zwei byzantinische Pilgerstätten am See Gennesaret. In: Leben. S. 173-180.

–: **Fixpunkte** für eine Chronologie des Neuen Testaments. In: NTAK. Bd. 1. 2. Aufl. Neukirchen 2004. S. 214-220.

James M[cConkey] Robinson: Geschichte seit dem Jahr 30 n. Chr. im Markusevangelium. In: WdF. Bd. 411. 1979. S. 113-140.

Franz Römer: Biographisches in der Geschichtsschreibung der frühen römischen Kaiserzeit. In: Historiographie. S. 137-155.

Jürgen Roloff: Das **Markusevangelium** als Geschichtsdarstellung. In: WdF. Bd. 411. S. 283-310.

Klaus Sallmann: Plinius. [1] P. Secundus, C. (der Ältere). DNP. Bd. 9. Stuttgart 2003/2012. Sp. 1135-1142.

Sylvia Sasse: Literaturwissenschaft. In: *Stephan Günzel* (Hg.): Raumwissenschaften. 3. Aufl. Frankfurt a. M. 2012. S. 225-241.

Wolfgang Schenk: Gefangenschaft und Tod des Täufers. Erwägungen zur Chronologie und ihren Konsequenzen. NTS 29 (1983) S. 453-483.

Hans-Martin Schenke; Karl Martin Fischer. Unter Mitarbeit von Hans-Gebhard Bethge u. Sabine Schenke: Einleitung in die Schriften des Neuen Testaments. Bd. II. Die Evangelien und die anderen neutestamentlichen Schriften. Gütersloh 1979.

Ludger Schenke: Das **Markusevangelium**. Stuttgart 1988. = UB 405.

Karl Ludwig Schmidt: Der **Rahmen** der Geschichte Jesu. Literarkritische Untersuchungen zur ältesten Jesusüberlieferung. Berlin 1919.

Walter Schmithals: Das Evangelium nach Markus. Kapitel 1-9,1. Gütersloh 1979. = ÖTBK. Bd. 2,1.

–: Evangelien, synoptische. In: TRE. Bd. X. Berlin 1982. S. 570-626.

Helmuth Schneider: Einführung in die antike Technikgeschichte. Darmstadt 1992.

Udo Schnelle: **Einleitung** in das Neue Testament. 8., durchgehend neubearbeitete Aufl. Göttingen 2013. = UTB 1830.

K. Schoch: Christi Kreuzigung am 14. Nisan. Bib 9 (1928) S. 48-56.

Johannes Schreiber: **Theologie** des Vertrauens. Hamburg 1967.

Jens Schröter: Jesus von Nazaret. Jude aus Galiläa – Retter der Welt. Leipzig 2006. = Biblische Gestalten. Bd. 15.

Gerd Schunack: Neuere literaturkritische Interpretationsverfahren in der nordamerikanischen Exegese. VF 46 (1996) Heft 1. S. 28-55.

Eduard Schweitzer: Jesus Christus I. Neues Testament. In: TRE. Bd. XVI. Berlin 1987. S. 670-726.

Arthur Segal: **Hippos**-Sussita – Eine Stadt der Dekapolis am See Gennesaret in der hellenistischen und römischen Periode. In: Bauern. S. 113-128.

Jacques Seigne: **Gerasa**-Jerasch – Stadt der 1000 Säulen. In: Gadara. S. 6-22.

Klaus Seybold: Dalmanutha (Mk 8,10). In: *Ders.*: Unterwegs zum Alten Testament. Exkursionen in die biblische Welt. Münster 2010. S. 237-247. = Beiträge zum Verstehen der Bibel 19.

Ekkehard W[ilhelm] Stegemann: Jesus. In: DNP. Bd. 5. Stuttgart 2003/2012. Sp. 910-922.

Wolfgang Stegemann: **Jesus** und seine Zeit. Stuttgart 2010. = Biblische Enzyklopädie 10.

Hermann Strathmann: πόλις κτλ. In: ThWB. Bd. VI. Stuttgart 1959. S. 516-535.

Georg Strecker: Literaturgeschichte des Neuen Testaments. Göttingen 1992. = UTB 1682.

August Strobel: Zeitrechnung. In: BHH. Bd. 3. Göttingen 1966. Sp. 2211-2228.

Richard Talbert: Kartographie. In: DNP. Bd. 6. Stuttgart 2003/2012. Sp. 302-307.

Vincent Taylor: The **Gospel** according to St. Marc. 2. Aufl. London 1966.

Gerd Theißen: Urchristliche Wundergeschichten. Ein Beitrag zur formgeschichtlichen Erforschung der synoptischen Evangelien. Gütersloh 1974. = StNT 8.

–: **Lokalkolorit** und Zeitgeschichte in den Evangelien. Ein Beitrag zur Geschichte der synoptischen Tradition. Freiburg (Schweiz) 1989. = NTOA 8.

Stephen Ullmann: Grundzüge der Semantik. Die Bedeutung in sprachwissenschaftlicher Sicht. Berlin 1967.

Philipp Vielhauer: **Geschichte** der urchristlichen Literatur. Einleitung in das Neue Testament, die Apokryphen und die apostolischen Väter. Durchg. Nachdr. Berlin 1979.

Markus Völkel: Geschichtsschreibung. Eine Einführung in globaler Perspektive. Köln 2006. = UTB 2692.

Willem S[tefanus] Vorster: Markus – Sammler, Redaktor, Autor oder Erzähler? In: Erzähler. S. 11-36.

Peter Weigandt: [Rezension von:] Hans Quecke: Das Markusevangelium saïdisch. Text der Handschrift PPalau Rib. Inv.-Nr. 182 mit den Varianten der Handschrift M 569. Barcelona 1972. = PapyCast 4. Bib 60 (1979) S. 133-138.

– : οἶκος. In: EWNT. Bd. II. Stuttgart 1981. Sp. 1222-1229.

– : Jézus **parabolái** Márk evangélista szemszögéböl [Die Parabeln Jesu aus der Sicht des Evangelisten Markus]. In: Szegedi Biblikus Konferencia. Szeged, 1997. Hg. v. György Benyik. Szeged 1998. S. 195-216 u. 222.

Harald Weinrich: Tempus. Besprochene und erzählte Welt. 6. Aufl. München 2001.

Julius Wellhausen: Das Evangelium Marci. Berlin 1903.

Klaus Wengst: Der wirkliche Jesus? Eine Streitschrift über die historisch wenig ergiebige und sinnlose Suche nach dem „historischen" Jesus. Stuttgart 2013.

Robert Wenning: **Die Dekapolis** und die Nabatäer. ZDPV 110 (1994) S. 1-35. – : Dekapolis. In: RGG. 4. Aufl. Bd. 2. Tübingen 1999. Sp. 635.

– : Dekapolis. In: NTAK. Bd. 2. Neukirchen 2005. S. 145-147.

– : **Herodes** und Petra – Eine vielschichtige Nachbarschaft. In: Herodes. S. 47-60.

Karin Wenz: **Linguistik**/Semiotik. In: Stephan Günzel (Hg.): Raumwissenschaften. S. 208-224.

Ulrich Wilckens: **Theologie** des Neuen Testaments. Bd. III. Historische Kritik der historisch-kritischen Exegese. Von der Aufklärung bis zur Gegenwart. Göttingen 2017.

Jürgen Zangenberg; Peter Busch: **Hippos** und Gadara – Ein Hauch von Welt am See. In: Leben. S. 117-129.

Jürgen Zangenberg: **Magdala** – Reich an Fisch und reich durch Fisch. In: Leben. S. 93-98.

Jörg Zink: Tief ist der Brunnen der Vergangenheit. Eine Reise durch die Ursprungsländer der Bibel. Stuttgart 1988.

Jean Zumstein: Narrative Analyse und neutestamentliche Exegese in der frankophonen Welt. VF 46 (1996) Heft 1. S. 5-27.

Günther Zuntz: Wann wurde das **Evangelium** Marci geschrieben? In: Markus-Philologie. S. 47-71.

– : Ein **Heide** las das Markusevangelium. In: Markus-Philologie. S. 205-222.

Wolfgang Zwickel: Der salomonische Tempel. Mainz 1999. S. 184f. = Kulturgeschichte der antiken Welt. Bd. 83

– : Exodus und Wüstenwanderung. In: Herders neuer Bibelatlas. S. 100-102.

Stellenregister

Biblische Bücher

Altes Testament

Gn		Is	
2,3	136	40,3	60
50,3	31		
		Jr	
Ex		32,32 Lxx	70
21	151[293]	52,13	39
23,20	60		
24,18	31	Ez 1,1	15[14]
33	151[293]		
		Hos	
Nu		6,2	42
13,25	31		
		Jon 4,8	68
2Reg			
25,9	39	Zch 13,7	140
2Chr		Ml	
36,19	39	3,1	60
Ps			
22,2	136		

Neues Testament

Mt		1,2f.	38, 60, 130, 142, 150
1,1-16	53		
4,24a	57	1,2-8	138
4,25	57, 72, 79	1,3	60
8,28	71, 79, 82, 86, 120	1,3f.	60[99]
		1,4	18, 30, 60
8,34	86, 120	1,4-8	51
11,21f.	95	1,5	56, 57, 58, 60
14,1	33	1,7	38, 57
14,9	33[58]	1,8	31
15,21	58, 95	1,9	18, 31, 51, 53, 60, 96, 114, 138, 151
15,22	93		
15,29	95, 96, 107		
15,39	111, 120	1,9-11	53
19,1	104	1,9-12	14
20,29	107	1,10	49, 50
22,46	39	1,11	51, 139
25,46	133	1,12	49, 60
26,1f.	133	1,12f.	114
27,35	145	1,13	31, 38, 60[99]
28,8-10	150	1,14	18, 19, 31, 37, 38, 45, 51, 60, 86, 102, 114, 127, 140, 142, 143, 146, 147[283], 151
28,9	139		
Mk			
1	151		
1-9	16, 18, 70, 116, 124, 127, 130, 148		
		1,14f.	31, 129
		1,14-4,34	64, 91, 118, 127, 128, 143
1-10	37, 54, 117, 118, 122, 124, 127, 134[265], 141, 145, 148, 150, 151	1,14-9,30 [50]	142, 143
		1,16	19, 27, 50, 61, 114, 127, 142, 143
1,1	14, 26, 53, 138[267], 140	1,16-20	143, 150
1,1-13	140	1,18	49, 50
1,1-16,8	17, 27	1,19	113

Ref	Pages	Ref	Pages
1,20	49, 50	2,15a	63[109]
1,21	35, 36, 37, 49, 50, 61, 102, 114, 127, 128, 151	2,15f.	63
		2,20	51
		2,23	36, 37, 47, 53, 63, 129, 130, 131, 142, 147[283]
1,21b	147[283]		
1,23	49	3,1	50, 63, 113
1,24	61	3,1f.	36
1,28	19, 49, 56, 57, 96, 113	3,1-5	54
		3,6	14, 49
1,29	49, 61, 147[283]	3,7	19, 63, 114, 127, 143
1,30	49, 50		
1,30f.	61	3,7f.	56, 57, 79, 95, 127
1,32	35, 96		
1,32-34	31	3,7-12	31
1,35	14, 36, 51, 60[99], 61, 96, 113, 142, 147[283]	3,8	91, 95
		3,9	63, 64
		3,13	31, 60[99], 61[102], 63, 90, 101
1,38	61, 113, 114		
1,39	19, 31, 50, 61, 127	3,13-19	143
		3,19	14
1.42	49, 50	3,20	50, 62, 63, 64, 106[232]
1,43	49, 50		
1,44	98[216]	3,20f.	50
1,45	31, 60[99], 61, 113	3,20-27	101[223]
		3,22	56
2,1	36, 38, 50, 62, 91, 101, 102, 106[232], 114, 127, 142	3,22-30	50
		3,23	50, 142
		3,27	51
		3,31	113
2,4	26	3,31-35	50
2,6	113	3,32	113
2,8	49, 50	4	65, 70
2,11	63	4,1	19, 50, 64, 65, 69, 70, 114, 127, 143
2,12	49, 50		
2,13	19, 31, 50, 63, 127, 143		
		4,1-9	50
2,13-17	143	4,1-34	36
2,14	63	4,4	130
2,14b	63[109]	4,5	49, 50
2,15	36, 63[109.110]	4,10	64, 101, 141

4,10-25	50, 129	5,9	28
4,10-34	150	5,10	71[133]
4,11f.	129, 141	5,11	113
4,15	49, 50, 130	5,11-13	81
4,16	49, 50	5,13	19, 88, 127, 143
4,17	49, 50		
4,21	28	5,14	88
4,21f.	141, 143	5,15	28
4,26-32	50, 129	5,17	71[133], 88
4,29	49, 50	5,18	88, 144
4,33f.	31, 50, 129	5,19	63, 88
4,34	64, 101, 117, 141	5,20	19, 71, 72, 88, 104, 114, 127, 151
4,35	36, 65, 69, 91, 96, 114, 127, 129, 142, 147[283]	5,21	19, 50, 65, 70, 88, 94, 113, 114, 122, 127, 143, 144
4,35-41	144		
4,35-7,23	91, 118, 127, 128, 143	5,21-24	50,54
		5,25-34	50,54
4,36	65, 68	5,27	113
4,36f.	70	5,29	49, 50
4,36-38	65	5,30	49, 50
4,36-5,1	69	5,35-42	70
4,37	26, 68	5,35-43	50, 54
4,37b	67	5,38	88
4,38	70, 143	5,42a	49, 50
4,38a	66	5,42b	49, 50
4,39	19, 70	5,43	98[216]
4,41	19	6,1	51, 94, 113, 114, 118, 122, 127
5,1	19, 50, 65, 71, 71[133], 72, 79, 85, 87, 96, 97, 98, 98[215], 102, 103[225], 104[230], 114, 118, 127, 143, 151		
		6,1f.	89
		6,2	36, 147[283]
		6,3	113
		6,4	116
5,1-20	65, 93[205]	6,5	113
5,2	49, 50, 71	6,5f.	31
5,2-13	123	6,6	71[133], 89, 114, 118
5,6	113		
5,8-13	70	6,7-13	50

6,8	130	6,48	37, 65, 68, 69, 89[196], 90, 127, 141, 143
6,10	113		
6,11	113		
6,12f.	31	6,48b	147[283]
6,14	18, 33, 36, 38, 51, 104, 151	6,48f.	42
		6,48-51	70, 90
6,14-16	50	6,48b-51	90[198]
6,14-29	45	6,49	37, 127, 143
6,16-29	18, 36, 38	6,50	49, 50,
6,17-29	32, 50, 51	6,52	51, 144
6,23	33	6,53	65, 70, 71[133], 82, 96, 98[215], 114, 118, 127
6,25	49, 50		
6,27	28, 49, 50		
6,30	50	6,53f.	90, 144
6,30-32	31	6,54	49
6,31	36, 51, 142	6,55	71[133], 90, 127
6,31f.	60[99], 89, 101, 114, 118, 127, 141	6,55f.	31, 91
		7,1	56, 142
		7,3	28
6,32	65, 70, 144	7,4	28
6,33	68, 89, 113	7,10	65
6,33a	89	7,14	50, 51
6,34	50	7,14-17	70
6,35	36	7,17	62, 63, 91, 93, 102, 106[232], 114
6,35-44	51		
6,36	89	7,17-23	129, 150
6,37	28	7,23	117
6,39	36, 47, 53, 89, 97, 129, 131	7,24	19, 71[133], 85, 93, 94, 94[207], 95, 96[212], 97, 101, 102, 103[225], 104, 104[230], 107, 113, 115, 118, 122, 127
6,45	49, 50, 65, 89, 90, 96, 114, 114[240]		
6,45f.	90		
6,45-48	65		
6,45-54	69	7,24a	91, 129
6,46	14, 60[99], 61[102], 101	7,24-30	88
		7,24-8,9	144
6,47	37, 69, 127, 143, 147[283]	7,24-9,50	107, 118, 127, 128, 144
6,47-49	19	7,25	49, 50

7,25f.	88	8,22-26	88
7,26	77, 91, 96	8,22-9,29	144
7,30	63	8,23	50, 89, 115
7,31	19, 50, 70, 71[133], 72, 79, 85, 88, 93, 94, 94[207], 95, 96, 96[212], 97, 102, 103[225], 104, 104[230], 107, 113, 115, 118, 122, 127, 128, 144	8,25	50, 51
		8,26	63, 98[216]
		8,27	19, 71[133], 99, 100, 101, 115, 127, 130, 141, 144
		8,27-9,29	88
		8,29	99
		8,31	37, 99, 100, 109, 135, 138, 144
7,31-37	88	8,34-9,1	101
7,32-37	97	9	151
7,33	97, 101, 102	9,1	113
7,35	49	9,2	37, 60[99], 101, 102, 141, 147[283]
7,36	98[216]		
8,1	37, 38, 50, 91, 142	9,2-8	144
		9,5	113
8,1-9	51, 88, 97	9,7	139
8,2	37, 38, 141	9,8	51
8,3	63, 113, 130	9,9	60[99], 101, 141
8,4	97, 113	9,15	49
8,6	97	9,14-27	54
8,10	49, 65, 70, 71[133], 96, 97, 98[215], 111, 115, 118, 127, 144	9,17-27	51
		9,20	49, 50
		9,24	49, 50
		9,28	50, 51, 63, 94, 101, 141
8,13	50, 65, 98, 115, 118, 128, 141, 144	9,30	19, 94, 100, 101, 102, 103[225], 113, 115, 118, 122, 128, 142, 143, 144, 151
8,13-21	70		
8,15-21	150		
8,17	51		
8,19	51	9,30f.	50
8,20	51	9,30-50	124
8,22	19, 65, 98, 98[216], 115, 118, 128, 144	9,31	37, 100, 101, 138, 144
8,22f.	98[216]		

9,33	37, 62, 63, 94, 101, 103[225], 106[232], 118, 125, 128, 130, 141, 142, 144, 151	10,32	41, 50, 100, 103[225], 106, 125, 130, 150
		10,32f.	37
		10,32-11,11	41
		10,33	42, 100
9,33a	115	10,33f.	106, 138, 141
9,33b	115	10,34	37
9,33f.	102, 130	10,45	41
9,33-50	129, 150	10,46	19, 41, 109, 111, 115, 118, 130, 144, 150
9,33[50]	98[216]		
9,34	144		
9,42	116[244]	10,46a	107, 130
9,50	118	10,46a.b	95, 98, 107
10	41, 107, 118, 124, 130, 131, 142, 144, 148, 150	10,46b	130
		10,46bf.	107
		10,46-52	150
		10,46-52a	130
10,1	19, 37, 70, 71[133], 85, 94, 103[225], 104[230], 106[232], 113, 115, 118, 122, 144, 151	10,46-11,11	41
		10,52	41, 49, 50, 107, 130, 144, 150
		10,52b	131
		11-13	37, 39, 41, 44, 52, 54, 109, 110[239], 118, 131, 132, 133, 134[265], 136, 137, 141, 145, 148, 151
10,1a	50, 102, 125, 130		
10,1b	50,51		
10,1-52	118, 130,		
10,1b-45	103		
10,10	50, 101, 103[225], 106, 106[232], 141	11-16	16, 19, 37, 44, 124, 127, 133, 134[265], 147, 151
10,10-31	106[232]		
10,13-31	54	11,1	41, 96, 145
10,16	41	11,1a	107, 115
10,17	41, 103[225], 106, 106[232], 130, 144, 150	11,1b.2	108
		11,1-11	132, 133, 137, 150
10,21	113	11,1-13,37	44
10,23	50	11,1-16,8	44
10,24	50, 51	11,2	49, 50, 113
10,24-31	70	11,3	49, 50, 51, 113, 122 150
10,31	41		

11,4	52, 108, 113	13,2	39, 78, 78[157], 113, 122, 132, 151
11,4-14,42	52		
11,5	113		
11,8	41, 108, 144	13,3	96, 101, 109, 113, 132, 133, 141
11,9	150		
11,11	38, 50, 96, 108, 131, 132		
		13,3-37	132
11,11a	145	13,5-37	70, 109, 132, 151
11,11b	145, 147[283]		
11,12	38, 108, 131, 145	13,10	140
		13,14	27, 40, 51
11,12-14	50	13,21	51, 113
11,12-19	137	13,26f.	51
11,13	113	13,35	151
11,15	96, 108, 131, 145	13,37	41[74], 132, 133, 145
11,15-17	132	14	44, 118, 134, 145
11,15-19	50		
11,19	38, 51, 108, 131, 133, 145, 147[283]	14-15	43, 110[239], 134, 136, 137, 145, 148
11,20	38, 51, 132, 145		
11,20-25	50	14-16	37, 39, 44, 47, 51, 54, 55, 131, 134, 145, 148
11,20-13,37	137		
11,23	116[244]		
11,27	38, 50, 100, 109, 110, 145	14,1	39, 41[74], 42, 43, 44, 53, 96, 134, 145
11,27-12,44	132		
12-13	145	14,1a	109, 134
12,2	50	14,1b.2	109
12,4	50, 51	14,1f.	50, 100, 133
12,5-14,38	52	14,1-3	147[283]
12,13	109	14,1-11	137
12,13-17	35	14,1-15,47	44
12,14	28	14,1-16,8	44
12,18	109	14,2	42, 45
12,41	109, 113	14,3	13, 63[110], 96, 109, 110, 131, 134, 145, 146
12,42	28		
13	44, 51, 145		
13,1	109	14,3a	110[239]
13,1f.	132	14,3-9	13, 50, 151

14,9	140	14,53	110, 135, 146
14,10	110	14,54	50, 110, 113, 135, 146
14,10f.	50, 140		
14,12	42, 43, 53, 135, 145, 146	14,55-65	50
		14,60	50
14,12-16	137	14,61	50, 51
14,13	110, 146	14,64	100, 110
14,13-15	135	14,65	29
14,14	28	14,66	113, 135, 146
14,15	110, 113	14,66-68a	111
14,16	42, 43. 110, 135, 146	14,66-72	50
		14,67	50
14,16f.	28	14,68	37, 42, 43, 50, 101, 113, 135, 140, 146
14,17	42, 43, 135, 145		
14,17-15,46	137		
14,18	135	14,69	50, 51
14,26	42, 43, 110, 135, 146	14,70	51
		14,70a	50
14,27	140	14,70b	50
14,28	51, 110, 135	14,71	140
14,30	51, 96	14,72	37, 42, 43, 49, 50, 51, 52, 135, 146
14,32	50, 110, 113, 135, 146		
14,33-42	135	15,1	42, 43, 49, 51, 100, 111, 135, 145, 146
14,33f.	50		
14,34	113		
14,35	50, 113	15,1-15	18, 35
14,35f.	14, 50	15,1-42	43
14,37	50	15,2	50, 52
14,37f.	50	15,2-5	50
14,38	52	15,4	50, 51
14,39	50, 51	15,6-15a	50
14,40	50, 133, 122	15,8-11	50
14,41f.	50	15,9	50
14,42	52	15,12	50, 51
14,43	49, 50, 100	15,13	50, 51
14,45	49, 50, 140	15,14	52
14,49	39, 44, 45, 51, 110, 131, 132, 133, 142	15,15	29, 100
		15,15b	50
		15,16	28, 96, 111, 113, 136, 146
14,50-52	140		

15,19	29	16,7a	146[278]
15,19f.	100	16,8	112, 138, 138[267], 140
15,21	56, 111		
15,22	60[99], 111, 136, 146		
		L	
15,25	43, 136, 145	1,1f.	55
15,29-32	125[258]	1,5-80	53
15,33	43, 136, 145	3,1	18, 30, 31, 33
15,33f.	43, 136	3,19	33
15,34	136, 145	3,23-38	53
15,34-37	43	4,44	120
15,37	136	5,29	63[109.110]
15,38	41	6,17	58, 95
15,39	28, 139	7,11	120
15,40	43, 56, 113, 125[258]	7,36	63[110]
		8,26	71, 81, 83, 120
15,40f.	111, 137		
15,42	42, 43, 96, 137, 145, 148	8,37	120
		9,7	33
15,42f.	136, 147[283]	9,52	120
15,43	18, 56, 111, 146	10,13f.	95
15,43f.	35	10,30	130
15,44f.	28	12,16	72[135]
15,46	43, 111, 136, 145, 146	14,1	63[110]
		17,11	97
15,47	43, 56, 111	17,11f.	120
16	52	18,35	107
16,1	42, 43, 44[77], 56, 111, 134, 136, 137, 146, 147[283], 148, 151	19,1	107
		19,5f.	63[110]
		19,47	39, 133
		20,1	39, 133
16,1-8	44	21,37	39
16,2	44, 44[77], 51, 96, 111, 137, 147[283]	21,37f.	133
		23,33	120, 145
16,2-8	149	24,9-11	140
16,6	60[99], 113	24,36-43	139
16,6f.	138, 140, 151		
16,6-8	146, 149	**J**	
16,7	51, 52, 53, 112, 113, 146	1,1f.	53
		1,28	121

2,1	120	20,24-29	139
2,11	120		
2,20	31	Act	
4,4-7	120	9,1-9	100[219]
4,46	120	14,24	97
10,40	121	16,6.11	97
11,54	121	17,1	97
12,21	99[217]	22,3-16	100[219]
18,1	121	25,13-26,32	34
19,14	45	26,9-18	100[219]
20,11-18	140	27f.	55

Antike Autoren

Aristoteles,
Po.
1451b 9   149

Cicero,
De oratore
II 51-65   25
II 61   149
II 63   15, 25, 123
II 353   128
II 354   129[261]

Cassius Dio
XXXVII   73
15,1-16,5
Epitome v.   40[71]
65,6

Eusebius,
h. e.
III 39,2.4   21
III 39,13   21
III 39,15f.   20

Eusebius,
onomast.
Γ, Ἀπὸ τῶν   82, 85
Εὐαγγελίων

Eusebius,
que. Marin
1   138[268]

Herodot
II 99   150

Flavius
Josephus, AJ
VIII 13,1   95
XIV 2,3   75
XIV 3,2.4   75
XIV 4,4   75
XIV 5,3   75
XV 4,1   95
XV 10,2f.   75
XVI 2,1   103
XVII 11,4   75
XVIII 2,1   99
XVIII 5,1f.   32
XVIII 6,3   75
XVIII 7,1f.   32
XX 1,1   75
XX 9,4   99

Flavius
Josephus, BJ
I 20,3   75
I 33,8   33
II 6,3   75
II 9,1   99
II 18,1   95
II 21,1   96
II 21,8   65, 66, 69
II 21,8f.   64[112], 66
II 21,9   66
II 21,10   64[112]
III 3,1   84
III 3,3   19
III 9,7   72, 75, 99
III 10,1   66
III 10,8   106[232]

III 10,9	66	Origenes, Cels.	
IV 2,3	95		
VI 2,1	99	II 4	53[89]
VI 4,3	39		
VI 4,5-7	40	Origenes, Jo.	
VI 5,3	41		
VII 1,1	39, 40	VI 24	53[89]
		VI 41	85

Flavius Josephus, Vita

		Origenes, comm. in Mt.	
31	84[184]	XI 16	93, 95
52	117	XI 18	95, 107
65	72, 75		
74	72, 75	Origenes, fr. in Mt.	

Lucianus, Demon.

		170f.	86, 120
1	153		
35	153	Philostratos, Her.	
58	153	1,1	95

Lucianus, Deor. Cons.

		Plinius, nat.	
		3	73
4	92	4	73
		5	72

Lucianus, Hist. Conscr.

		5,48-64	96[212]
		5,70	104
24	15[12]	5,71	99
43f.	149[284]	5,74	34, 72, 74, 75, 76, 93, 104
46	149[284]		
48	15[12]	5,77	72, 74, 75, 93, 104
51	129[261]		
		6	73
		15	73

Pomponius Mela

		15,15	72, 74[142], 75
I 62	73[139]		
I 63	73[139]		

Claudius
Ptolemaeus,
Geog.
V 15,22f.   74, 74[143]

Strabo,
Geographika
12.2.6   61

Sulpicius
Severus,
Chronica
II 30,6f.   40

Tacitus,
Germania   72

Tacitus,
Hist.
V   40
V 6,1   73
V 13   41

Thukydides
I 21f.   16[17]